Gedichte 2020

Mein verdichtetes Coronajahr

Von Rüdiger Neukäter

Illustrationen von Ildiko Hajnal

Umschlagbild: Patrick Neukäter

Bibliografische Informationen
Der Deutschen Nationalbibliothek:
Die Deutsche Nationalbibliothek verzeichnet diese
Publikation in der Deutschen Nationalbibliographie:
Detaillierte bibliografische Daten sind im Internet über
http://dnb.de abrufbar

Herstellung und Verlag:
BoD - Books on Demand, Norderstedt

ISBN: 9783752685121
1. Auflage

Inhaltsverzeichnis

1. Vorwort

Am 28. Januar 2020 kamen wir am Flughafen Colombo an. Auf einem langen Gang, der zu den Einreiseschaltern führt, ist ein schmaler Korridor gebildet worden, durch den alle Einreisenden geschleust werden. Eine Wärmebildkamera misst die Temperatur aller Ankömmlinge. Dies war unsere erste Begegnung mit Corona, dem Virus, der noch gar keinen Namen hatte. Wir waren im Urlaub angekommen, vergaßen diese Begegnung schnell wieder und verbrachten vier entspannte Wochen. Warum sollten wir auch Meldungen, die wir auf Spiegel Online zur Kenntnis nahmen und die von einer möglichen Bedrohung durch ein Virus berichteten, Ernst nehmen?

Auf dem Rückflug einen Monat später fiel uns auf dem Zwischenstopp in Abu Dhabi, als wir in der langen Schlange zum Sicherheitscheck standen, auf, dass viele, vor allem japanisch oder chinesisch aussehende Menschen Gesichtsmasken trugen. Aber deren Übervorsicht war ja hinlänglich bekannt.

Erst als wir wieder zu Hause waren und den Urlaubsmodus abgelegt hatten, nahm ich die sich überschlagenden Meldungen wahr und merkte, was alles in der Zwischenzeit geschehen war. Dass die neuartige Lungenkrankheit Covid 19 hieß, dass am 27. Januar Italien Städte in Norden abriegelte, dass Anfang März in Nordrhein-Westfalen die ersten beiden Menschen an Corona gestorben waren.

Zwei Wochen nach unserer Rückkehr wurde der Flughafen in Colombo geschlossen und alle Touristen, die davor angekommen waren, mussten für zwei Wochen in Quarantäne. Der Ernst der Lage begann mir allmählich bewusst zu werden. Was danach alles geschah, muss hier nicht weiter ausgeführt werden: Verschiebung von Sport-Großveranstaltungen, Maskenpflicht und Abstandsregeln, Aufkommen neuer Begrifflichkeiten wie Inzidenz, Home-Office und Home-Schooling.

Am 22. März einigten sich Bund und Länder auf strenge Ausgangs- und Kontaktbeschränkungen. Millionen Deutsche arbeiteten im Homeoffice, die Schulen blieben geschlossen und das öffentliche Leben wurde heruntergefahren. Herzlich willkommen im ersten Lock-down.

Auf einmal hatten wir viel Zeit, uns auf uns selbst zu besinnen, das Haus und den Garten zu hüten, zu überlegen, was sich mit dem Tag anfangen lässt.

Seltsamerweise fiel mir auf einmal, am Computer sitzend, so viel ein, dass mir meine neugewonnene Kreativität fast schon bedenklich vorkam. Es gelang mir nach langer Zeit wieder einmal, Gedichte zu schreiben. Natürlich, wie zunächst nicht anders zu erwarten, befassten sie sich mit Corona. Dann aber kamen auch andere Themen hinzu und die Zahl der Reimereien wuchs. Zur gleichen Zeit brachte mich ein Freund auf die Idee, meine neuen Werke doch bei YouTube als Videos zu veröffentlichen. Ich begann, etwas Neues zu lernen und auszuprobieren, sprach meine Arbeiten und filmte mich dabei. Bis zum Ende des Jahres schaffte ich es, siebzig Videos zu produzieren, und ich bilde mir ein, dass sie zwar immer laienhaft, aber doch von Mal zu Mal besser geworden sind. „Der Autor liest seine Texte" oder „Rüdigers Texterei".

Die Idee, die Gedichte dieses seltsamen Jahres 2020 in einem Buch zusammenzufassen, kam irgendwann im Spätherbst und nahm gegen Ende des Jahres konkrete Form an. Einundsechzig Gedichte, mehr oder weiniger aktuell, gereimt und ungereimt, sind nun in diesem kleinen Buch versammelt und hoffen darauf, geneigte Leser zu finden.

Ich wünsche eine erbauliche Lektüre.

Rüdiger Neukäter

Im Februar 2021

2. Sagt der Buddha

Achtsam leben,
lehrt der Buddha,
heißt im Hier und Heute sein.
Das Schwingen der Birkenzweige im Wind betrachten,
am Hüpfen der Amsel im feuchten Gras Freude haben,
den Enkeln schöne Gedanken schenken,
der Liebsten den Tag mit einem Morgengruß versüßen,
das knusprige Brötchen mit Genuss verspeisen,
dem Sommertag für den blauen Himmel danken,
den Wolken Gesichter geben und ihren Zug verfolgen,
den kräftigen Kaffee genießen und den gut gekühlten Wein,
mit dem Schmerz und dem Alter bedächtig umgehen.
Das orangerote Untergehen der Sonne im Gedächtnis behalten,
sich glücklich schätzen über den ungestörten Schlaf.
Das alles und noch viel mehr kann uns der Tag schenken.
Wir müssen uns nur seiner Gaben bewusst werden.
Achtsam leben, das heißt auch,
hinnehmen, was nicht zu ändern ist,
das schmerzende Knie,
die eingeschränkte Beweglichkeit,
die Sorge über die Vergesslichkeiten,
die Nöte derer, an denen uns viel liegt,
die Trauer über die Trennung,
die Schlechtigkeiten der Welt, die Armut, den Hunger, das
Elend.
Achtsam leben, das heißt auch,
sich einzumischen,
den Veränderungen nicht im Wege stehen,
Anstöße geben, weitergehen auf den rechten Wegen,
offen sein für neue Erfahrungen,
lernen und das Gelernte weitergeben.

Achtsam leben,
sagt der Buddha,
heißt auch, sich der Vergangenheit stellen,
die Bilder aus dem Gedächtnis hervorholen und das Gewesene
betrachten,
ohne sich darin zu verlieren.
Sich des Schönen erinnern und das Schlechte abwägen,
sich den Fehlern des Gestern stellen, um sie nicht noch einmal
zu machen.
Die Begegnungen mit Menschen wiederbeleben,
ihre Liebenswürdigkeiten wertschätzen und ihre Unarten nicht
nachtragen,
das Vergangene als zum Leben gehörig erfahren,
aber wissen, dass es das Jetzt nicht mehr beeinflusst.

Achtsam leben, spricht der Buddha,
ist nur im Moment.
Fühlen, wie dein Fuß den feuchten Grashalm berührt,
spüren, wie das warme Wasser dem Körper wohltut,
sich über die gute Nachricht freuen,
den Schmerz im Fuß ertragen,
wissen, das im nächsten Augenblick alles anders sein kann,
mit der Ungewissheit leben,
den kühlen Windhauch auf der nackten Haut genießen,
hinnehmen, dass nur diese Sekunde zählt
und die nächste schon eine neue Gegenwart bereithält.

Achtsam leben, lehrt der Buddha,
heißt auch, an die Zukunft glauben,
ohne besitzergreifende Erwartungen an sie zu stellen.
Planen, was man morgen, in einem Monat, einem Jahr zu tun
gedenkt,

sich Schönes ausmalen, das Schlechte vorausdenken,
aber zu wissen, dass alles anders sein kann,
weil nur das Jetzt zählt,
sich das Heranwachsen der Enkel vorstellen,
doch nicht enttäuscht sein, es nicht zu erleben.

Achtsam leben,
sage ICH, ist so, wie ICH es für richtig halte,
denn ICH, ICH allein, lebe mein Leben,
vorsichtig und verwegen,
furchtsam und vorausschauend,
gut und schlecht.
Jeden Moment bemühe ich mich,
achtsam zu leben,
so gut ich kann.

Tiszakecske 12. August 2020

3. Coronagedichte

Frühling 2020

Corona hat die Welt im Griff
und alles hält den Atem an.
So plötzlich, dass man's kaum begriff,
traf Virustod Betagte, Frau und Mann.

Die Menschen sind zuerst geschockt
und wirre Ängste treiben um.
Wenn einen Lieben das Gespenst andockt,
hilft ihm auch kein Bioticum.

Geschäfte, Bars und Kneipen sind verschlossen.
Die Kumpel, Freund und Freundin sind tabu.
Man hängt herum wie angeschossen.
Was tun mit all der ungewollten Ruh?

Indes der Himmel strahlt in lichtem Blau,
kein Frühling kam bislang in solcher Schöne,
Natur zeigt sich in prächt'ger Schau,
es ist, als ob das Virus sie verhöhne.

In Parks und auf der grünen Wiese
ergeht sich Mann und Frau und Kind und Hund,
gemeinsam trotzen sie der üblen Krise.
Zum Trübsalblasen ist kein Grund.

Und so entsteht die falsche Sicht,
dass unverdrossen man den Tag genieße,
als gäb' es die Bedrohung nicht
und jeglicher die Sorgfalt bleibenließe.

Als neulich ich spazieren ging,
da sah ich lauter frohe Leute,
ein jeder Sonnenstrahlen fing
und trug sie heim wie reiche Beute.

Wie soll das denn noch weitergeh'n,
weit in den Sommer bis zum Winter gar?
Wie soll'n wir solche Zeiten überstehn?
Ein ganz und gar verlornes Jahr.

Ich wünsche mir, dass schon sehr bald
der Spahn und Wieler, Merkel auch
dem Spuk entgegenträten mit Gewalt
und alles wär vorbei wie ein   Rauch.

Coronablues

Corona macht mich depressiv,
ich könnte ständig heulen.
Seit Wochen häng ich in dem Tief.
Und meine Seele, die hat Beulen.
Ich hab' die Schnauze wirklich voll,
weiß nicht, was ich noch machen soll.

Ins Kino kannst du nicht mehr gehen,
die Kumpel nicht besuchen,
in Kneipen nicht am Tresen stehen.
Ich könnte stundenlang nur fluchen.
Die Politik tönt ständig kluge Sachen,
doch heimlich tun sie uns verlachen.

Ich häng nur rum, Geschäfte sind geschlossen,
zu Hause schmeckt das Bier nicht mehr,
fast hätt' ich mich schon mal erschossen.
Zum Glück fand sich grad kein Gewehr.
Ich halt das lange nicht mehr aus,
Macht endlich Schluss! Ich klatsch Applaus.

Auch meine Frau, die jammert nur,
die Kinder nerven früh bis spät,
von Lieb' und Freude keine Spur,
es dauert ewig, bis ein Tag vergeht.
Wer den Coronascheiß erfunden,
gehört gefoltert lange Stunden.

Mir reicht's jetzt ein für alle Mal.
Ich stell mich jetzt auf den Balkon
und heul' den Blues wie ein Schakal.
Da kenn ich jetzt nicht mehr Pardon.
Ich sing den Blues, ich spiel den Blues.
Wem das nicht passt! Dann schönen Gruß!

Zwei Alte in Coronazeiten

Sie sind noch rüstig, schmieden Pläne,
sie reisen gerne, leben auch gesund,
dem Altsein gönnen sie kaum eine Träne,
ihr Leben steht auf sich'rem Grund.

Das Haus ist viel zu groß für zwei,
die Kinder haben selbst schon Kinder.
Sie lieben sich, sind froh und schuldenfrei.
Dass sie zufrieden sind, das merkt sogar ein Blinder.

Zuerst warf es nur einen matten Schatten.
Als sie das Wort Corona erst vernommen,
war's bestenfalls ein Hinweis für den Gatten,
ob er das auch schon mitbekommen.

Corona, sagt er, sei mitnichten,
etwas, was ihnen Angst einflössen sollte,
ein Grippevirus, und er traue gar nicht den Berichten,
dass eine Pandemie uns überrollte.

Als Covid 19 dann lawinengleich
die Welt fast ganz zum Stillstand brachte,
saß man erschrocken, still und bleich
und hoffte, dass man aus dem Alp erwachte.

Besuche gibt es keine mehr,
Theater, Kino, alles ist verschlossen,
Verzicht auf Enkel fällt besonders schwer,
was nützt es, dass die Tränen flossen.

Sie spricht verzweifelt mit den Frühlingsrosen,
er mäht den Rasen und vertilgt das Moos.
Man kauft auf Vorrat, Brot in Dosen
und ist ansonsten rat- und ideenlos.

So gehn die Tage, schwer wie Blei,
das Maskentragen wird nun Pflicht,
und jeden Tag das gleiche Einerlei.
Ein Tunnelende ist noch nicht in Sicht.

So leben sie verzagt ein müdes Leben,
sie sind gesund und wollen's bleiben.
Sie hätten noch so viel zu tun, zu geben,
und wünschen sich viel Zeit, sie zu vertreiben.

Die Hoffnung stirbt zu allerletzt.
Corona kam, Corona wird auch gehen.
Doch selbst, wenn man sich widersetzt,
ein Hauch von Lebenszeit wird so verwehen.

Helden

Sie sind seit Jahren Pflegekraft,
Herr Yildiz und Frau Scholl.
Das Heim, in dem das Paar alltäglich schafft,
‚Haus Sonnenstrahl' ist mehr als voll.
Sie waren beide oft am Ende ihrer Kraft,
verfluchten Politik als falsch und mangelhaft.

Für die Patienten fanden sie zu wenig Zeit,
vom miesen Lohn erst ganz zu schweigen.
Doch waren sie zu jeder Zeit bereit,
sich von der besten Seit' zu zeigen.
Sie hatten ihre Schutzbefohlnen gern,
sie taten ihre Arbeit ohne Klag und Lärm.

Dann kam Corona, alles wurde schwer,
ganz plötzlich fehlte es an allen Dingen,
Schutzkleidung, Masken und noch mehr.
Den Job zu schaffen konnt' kaum noch gelingen.
Dazu kam noch die Infektionsgefahr.
Man nahm allseits den Pflegenotstand wahr.

Die Öffentlichkeit begann zu ahnen,
was unter solchem Umstand Pflege hieß,
auf einmal schrieb man sich auf alle Fahnen,
dass das System Not, Kummer, Tod verhieß.
Versprach, man würde alles besser machen,
doch erst mal sei die Krisenkurve abzuflachen.

Trotzdem hob man Herrn Mehmet und Frau Scholl
als Helden auf ein weihevoll Podest
Und als das Lobgehudel immer lauter schwoll,

begriff nun endlich auch Regierung den Protest.
Dabei war schon seit Jahren klar,
dass Menschenpflege letztlich unbezahlbar war.

Hätt' man Herrn Mehmet und Frau Scholl
beizeiten Ehr und rechten Lohn erwiesen,
dann müssten sie nicht schuften über Soll
und wären nicht so heldisch überhöhte Riesen.
Viel besser wär ein Land, das keine Helden bräuchte,
auf deren Häuptern falscher Heilgenschein aufleuchte.

Ob nach Corona alles anders ist?
Stets war es so, dass man sehr schnell vergisst.

Unseren Urlaub haben wir uns verdient. Endlich mal wieder was anderes sehen, endlich wieder frei atmen können. Nach all diesem Eingeschlossensein. Wir dürfen wieder reisen, die Grenzen sind endlich offen. Zwar nur Europa, aber das reicht ja fürs erste, die weite Welt wird bestimmt auch bald wieder erreichbar sein. Doch Deutschland ist ja auch schön.
Urlaub in deutschen Landen, witterungsabhängig, sauber, geordnet und teurer. Nicht jedermanns Sache. Also vielleicht doch Mallorca, Kroatien, Griechenland. Mit dem Flugzeug in die zwei schönsten Wochen des Jahres. Sonnenbrand inklusive. Trotzdem: Einen erfolgreichen Urlaub!

Mit Corona in die Ferne

Corona kann uns nicht mehr schrecken,
der Lock-down ist nun Schnee von gestern,
nach Urlaub schreit's aus allen Ecken,
up and away, mit Mama, Papa, Brüdern Schwestern.
Hauptsache Sonne, Sand und blaues Meer
Covid 19 reist zwar mit, doch das ist sekundär.

Im Flugzeug ist es höllisch eng,
die Maske drückt, der Gurt, der kneift.
Die Stewardess guckt ernst und streng,
passt auf, dass keiner an die Nase greift.
Wer niest und hustet, kriegt gleich Platzverweis.
Man droht, dass man ihn aus dem Flieger schmeißt.

Bis Mallorca sind es gut drei Stunden.
Essen und Trinken gibt's bei Covid nicht.
Man tut nichts mehr für seine Kunden,
übt in Askese sich und in Verzicht.
So fliegt frustriert man über Land und Meer.
Der Urlaubsanfang ist tatsächlich schwer.

Doch endlich ist man dann am Ziel.
Die Sonne scheint und es ist höllisch heiß.
Man steht zur Passkontrolle im Gewühl,
fühlt sich sauschlecht in kaltem Schweiß.
Muss ich vielleicht in Quarantäne?
Dann wär'n vergessen all die schönen Pläne.

Jetzt soll die schöne Urlaubszeit beginnen.
Jedoch: ob Griechenland, Mallorca oder Split,
Corona kann man nicht entrinnen.
Verdammt, das Virus reiste mit.
Covid macht Ärger, Wut und Frust,
verdirbt dir all die schöne Reiselust.

Man bittet Abstand einzuhalten
Der Strand ist eingeteilt in breite Streifen.
Wie soll man sich denn so entfalten?
Da kann man gleich auf Sommerfrische pfeifen.
Sowas kann niemals Urlaub sein,
das ist ja schlimmer als daheim.

Eh Mann, so macht das keinen Spaß.
Zwar ist das Wasser warm und nass,
doch alles andre ist nur Mist,
weil du am Gängelband von Covid-19 bist.

An Buffet ist nicht zu denken,
deine Schritte kannste nicht frei lenken.
Das Schnitzel kriegste aufem warmen Teller
Zum Frühstück Scheibenkäse und Nutella.
Da ess ich ja zu Hause besser.
Ich bin weiß Gott kein Allesfresser.
Doch jetzt, drei Meter Tisch zu Tisch,

das ist saublöd und asketisch.
Im Pool musst du im Kreise baden
und Pfeile zeigen vorgeschriebne Graden.
Du darfst nicht laut und herzhaft singen,
vom Beckenrande nicht ins Wasser springen.
Social Distancing ist jetzt angesagt.
Ne rote Karte dem, der sich beklagt.
Zwar hast du jetzt viel Platz am Strand,
doch so viel Freiraum ist nicht interessant.
Die Sonnenschirme stehn auf große Lücke,
gibt Ärger, wenn ich die mal überbrücke.
Das Fitnessstudio ist tabu,
die Sauna auch natürlich zu.
Massage und Wellness sind auch out.
Und keiner ölt dir deine spröde Haut.
Willst du nen Long Drink in ner Bar,
is nicht! Vielleicht im nächsten Jahr.
Und möchtest du am Abend schwofen,
nichts da! Stattdessen zeitig poofen.
Und vergiss das Schlimmste nicht:
Ständig diese Maske im Gesicht!

Nee Alter, so'nen Holiday kannst du vergessen.
Bleib schön zu Haus auf dem Balkon.
Da kannste die gewohnten Speisen essen
und spielst mit deinem Freund Pingpong.
Halts aus und hoff aufs nächste Jahr,
wenn dann Corona Schnee von gestern war.

Ich selbst verreis' in diesem Sommer nicht.
Ich schreib stattdessen täglich ein Gedicht.
Dies hier hab ich mir heute abgerungen.
Entscheidet ihr, ob's mir gelungen!

Frühling

Wenn im Märzen der Bauer den Traktor anwirft,
liegt ein mildes Lächeln auf seinen Zügen.
Er weiß, dass die Tage jetzt länger werden
und lässt sich drum Zeit beim Säen und Pflügen.

Er wirkt und ackert und schafft voller Lust
und singt ein Liedchen mit geschwollener Brust,
macht beinah damit Andy Borg Konkurrenz.
Das alles und mehr vollbringt der Lenz.

Tief in die Furchen kuschelt der Igel,
Ein Regenwurm lugt zwischen Krokus hervor,
eine Amsel ergötzt sich im Gartenteichspiegel
und erfreut mit Gezwitscher der Bäuerin Ohr.

Der wird es seltsam heiß bei Nacht
und auch den Alten packen fast vergessene Wonnen.
Die linden Lüfte sind mit Macht erwacht.
Juchhei! Noch springt der alte Bronnen.

Und aus dem offnen Klassenzimmerfenster
hört man die singsangfrohe Kinderschar.
Verjagt mit Rap und Rock Wintergespenster:
Hurra, hurra, der Lenz macht alles klar.

Die kleinen Mädchen machen jetzt die Bäuche frei
und in der Sonne glitzern die gepiercten Näbel.
Die Jungen prahlen frech mit viel Geschrei.
Und hier und dort gibt es ein Schmatzen und Geschnäbel.

Selbst jetzt zu tristen Covid 19-Zeiten
lässt sich der Frühling nicht vertreiben.
Auch Abstandhalten kann noch Lust bereiten.
Trotz Maskenmühsal wird die Welt bei Laune bleiben.

Wut auf die Wütenden

Corona scheint jetzt abgeflacht,
wir dürfen uns wieder bewegen.
Hab' vor Erleichtrung schon gelacht,
doch nun beginnt sich da Boykott zu regen.
Obwohl die meisten Menschen loben,
die Politik hielt man für gut und ausgewogen,
gibt's nun auf einmal Bürger voller Wut,
die stecken sich Protest an ihren Hut.

Ich frag euch, die ihr euch empört,
was wäre denn geschehen,
hätten wir nicht auf die Warnung gehört?
Wir hätten viel tausend Tote gesehen!

Es ist ein wild durchmischter Haufen,
der sich da tut zusammenraufen.
Die AfD läuft vorneweg,
und hinterher rechtsautonomer Bürgerschreck,
gefolgt von Reichsbürgergesellen
und solchen, denen Impfen scheint der Zweck
zu Zwang und Horrortyraneimodellen.
Bleibt noch Pegida und Widerstand 20.
Das klingt alles hohl und auch ziemlich ranzig.

Es macht mir eine Riesenwut,
dass dies unsägliche Gemenge
jetzt lauthals und verstörend buht.
All das, was der Lock-down gebracht,
wird nun vielleicht kaputt gemacht,
weil diese Narren und Verschwörungshelden
sich ungeschützt lautstark zu Worte melden.

Vom Recht des freien Bürgers wird gesprochen,
und dass man ihn der Grundrechte beraube
und dass die Superreichen sich ihr Süppchen kochen.
Man tut, als ob man wirklich glaube
an all den halbverdauten Mist,
der da landauf, landab in Umlauf ist.

Und wer sei schuld an der Misere?
Die Merkel und der Spahn und der Herr Wieler.
Auch Drosten sei es, der mit Worten Sinn entleere.
Nichts andres sei er, als ein eitel falscher Spieler.
Am schlimmsten aber sei der Teufel Gates.
Von Microsoft, der höllengleich wie stets
die Menschheit will gefügig machen
mit Mikrochips und solchen schlimmen Sachen.
Die Menschen sollen nicht mehr selber denken,
Bills Herrschaft will der Welt Geschicke lenken.

Ich könnte kotzen, wenn ich das vernehme.
Und meine Wut nimmt überhand.
Ich fletsch verzweifelt meine Zähne.
Ist denn verrückt dieses Teutonenland?

Wir haben tapfer still gehalten,
wir nahmens hin, das ganze Land zu lähmen.

Doch jetzt das ganze Volk zu spalten,
das ist bei aller Toleranz nicht hinzunehmen.
Gemeinsam werden wir Corona schaffen,
und dann verlachen all die abgefackten Affen.

Coronablues 2

Ein halbes Jahr mit Covid leben!
Wer hat da nicht die Schnauze voll!
Man kann die Wut so richtig pflegen,
weiß nicht wohin mit seinem Groll.
Ich hab die Seuche mehr als satt,
sie macht mich dumpf, sie macht mich platt.

Am Anfang war man noch bescheiden
und hoffte, bald ist es vorbei.
Auch war es nur ein stilles Leiden:
Nur brav daheim und täglich Einerlei.
Das war durchaus noch auszuhalten.
Man konnte sich den Tag gestalten.

Homeoffice war die neue Lebensform.
Im eignen Heim ist gut zu schaffen.
Allmählich war der Stress jedoch enorm
und man begann, einander anzublaffen.
Familienleben vierundzwanzig Stunden lang,
Das fühlt sich an wie Druck und Zwang.

Homeschooling hieß es jetzt für die Pennäler.
Die glotzten nun auf Handy und Tablett
und wurden oftmals Elternquäler.
Familylife verkam zu russischem Roulette.
Man schoss auf Spatzen mit Kanonen.
Statt Frieden gab es wilde Eruptionen.

Kultur blieb vollends auf der Strecke,
Theater leer und Künstler wurden arm.
Es war, als ob die Lebenslust verrecke,
der Freizeit fehlte aller Charme.
Events im Freien war'n der letzte Schrei,
im Winter ist's jedoch damit vorbei.

Gastronomie hat allen Grund zum Klagen.
Wer Garten hat, kam grad so über Runden
und Kunden konnten Essen heimwärts tragen.
Für kalte Tage ist noch kein Rezept gefunden.
Am besten bleibt man brav zu Haus
und isst den selbstgekochten Schmaus.

Von der Maske ist auch noch zu reden,
dies blöde Ding, das Mund und Nase deckt.
Unangenehm und besser, ohne sie zu leben,
doch wird vielleicht dein Nachbar angesteckt.
Drum trage den Mund- und Nasenschutz mit Wut,
tut er doch immerhin der Volksgesundheit gut.

Die Politik tut alles, was sie kann,
sie tagt, und Söder, Laschet, Merkel, Spahn,
die geben Rat und Tat für jederfrau und jedermann,
entwickeln manchen gut gemeinten Plan.
Wer sich nicht an die Regeln hält,
ist selber Schuld und zahlt Bußgeld.

Die Leute möchten gern verreisen.
Die weite Welt lockt nach wie vor.
Stattdessen lässt man sich abspeisen,
erträgt Risikogebiet mit galligem Humor.
Am schönsten ist es sowieso daheim.
Da kommt kein Virus rein und auch kein Keim.

Manch einer wagt sich trotzdem in die Ferne,
obwohl's in deutschen Landen doch so angenehm.
Die Quarantäne folgt sogleich der Urlaubswärme.
Zwei Wochen Hausarrest sind nicht bequem.
Vielleicht ist Covid nur ein Hirngespinst,
denkt mancher, ignoriert und grinst.

Jetzt steht der Winter vor der Tür,
die Kandidatenwahl der CDU
und in den USA die fiese Präsidentenkür.
Covid macht weiter und gibt keine Ruh.
Ich hab die Schnauze voll von all dem Scheiß,
geb zu, dass ich auch keine Lösung weiß.

Der Impfstoff lässt noch auf sich warten,
das Testen dauert viel zu lange,
die Wirtschaft kann nicht wieder starten.
Mir wird bei alldem angst und bange.
Nun ist auch Trump noch infiziert.
Ich bin gespannt, was jetzt passiert.

Der Kampf geht weiter, Ausgang offen,
das Leben wird nicht stehenbleiben.
Für Klima und Natur ist nur zu hoffen,
dass Friday for future sich standhaft zeigen.
Zwar wird Protest Corona nicht besiegen,
doch gilt es, ihn auch nicht zurechtzubiegen.

Ich weiß, dass dies Gedicht kaum was vermag.
Doch war's mir altem Knochen wert und eine Lust,
dass ich gereimt und laut mal wieder sag,
was mir Verdruss macht, Wut und Frust.
Man nenn' es Lied, Song oder Blues,
bleibt schön gesund! Dies war mein Gruß.

November 2020

(Lockout light)

Am liebsten würd' ich winterschlafen
und auf den Frühlingsanfang hoffen,
denn Covid bringt uns schlimme Strafen,
hat jedermann und -frau beinhart getroffen.

Wenn ich mich nun zu Bette legte,
im Märzen jugendfrisch erwachte,
wär schon vorbei die aufgeregte
Trübsalzeit, die alles Dasein freudlos machte.

Ich decke mich mit einem dicken Laken zu,
brauch weder Kino, Restaurant und Bar.
Schlaf tief in selig-stiller Ruh
und hoffe auf ein virenfreies Jahr.

Ich weiß, dass solches Wünschen sinnlos ist.
Wir müssen durch den dunklen Tunnel kommen,
da hilft kein Leugnen, keine List.
Denn niemand ist vom Lockout ausgenommen.

Statt Kino kannst du in die Glotze gucken,
statt Kneipe still dein häuslich Bierchen trinken,
statt Sport nur mit den Achseln zucken
und insgesamt in Selbstmitleid versinken.

Was solls! So lang du noch am Leben bist
und dich das Virus nicht aufs Bett gestreckt,
hast du noch eine Gnadenfrist
und weißt noch, wie Gesundsein schmeckt.

Bist du erst einmal siech und krank,
nützt Abstand und auch Maske nicht.
Dann sagt dem Onkel Doktor Dank
und hoff' auf weitres Lebenslicht.

Corona ist ein Teufelskram,
November trostlos, traurig, ungeliebt.
Wer jetzt allein ist, bleibt einsam,
sieht zu, dass er den Karren weiterschiebt.

Ich jedenfalls bleib wach und munter,
hab mir ein dichtes Netz gewebt,
mit dem hol ich vom Himmel runter,
was da umher an Covidviren schwebt.

Die schmeiß ich dann in meinen Ofen rein.
Dort soll'n sie brennen wie im Fegefeuer.
Sie sollen schrein vor Schmerz und Pein,
ich lach sie aus und freu mich ungeheuer.

Und sind die Viecher noch so klein,
entkommen sie doch meinen Fängen nicht.
Ich mach die Welt coronarein!
Hurra, hurra! Es werde Licht.

Holy night lock out

Leise rieselt erster Schnee,
lass uns, Papa, einen Schneemann bauen,
Mama backt inzwischen Plätzchen.
Kinderaugen leuchten,
am Adventskranz flackern Kerzen,
Lichtgirlanden machen Dunkel hell.
Ach du holde Weihnachtszeit,
wo bist du geblieben?

Sankt Niklas hängt den roten Mantel in den Schrank,
Knecht Ruprecht packt sie Rute ein.
Die Stiefel bleiben leer,
weil diesen Winter ist Corona dran.

Ihr Kinder, wenn ihr brav gewesen seid,
sind Oma Opa noch gesund
und dürfen euch zum Fest was schenken.
Mit Opa könnt ihr skypen,
er kennt sich damit aus.
Und Oma sagt am Telefon,
dass ihr die allerliebsten Enkel seid.

Ich wüsste gern, ob Engel, himmlisches Geflügel,
immun sind gegen Covidviren.
Und ob das Christkind, Weihnachtmann und Co. KG
Corona Stopp gebieten kann.

Morgen kommt der Weihnachtsmann,
er kommt mit Sack und Pack,
klopft an verschlossne Türen,
weil die erlaubte Zahl von zehn
mit ihm dann überschritten ist.

Stille Nacht, denn in den Kirchen bleibt es still,
von wegen all der Aerosole.
Die Heiligkeit muss Abstand halten
und unter Masken staut sich Winterluft.
Oh du Fröhliche und süßer die Glocken nie klingen,
fällt aus in diesem tristen Jahr.
Stattdessen harrt gebannt die ganze Welt
des hochgepriesnen Impfstoffpräparats,
weil selbiges der Menschheit Heilung bringen soll.

Hosianna Biontech und Fizer!
Gelobt sei Curevac und auch Moderna,
hochjauchzend AstraZeneca gepriesen!
Das nächste Jahr, Gott seis gedankt,
vielleicht wird's wieder sein wie eh und je,
mit Osterhas und stiller heilger Nacht.

Gibt es über Corona nach unzähligen TV-Specials und Talk-shows noch etwas Neues zu sagen? Wohl kaum. Trotzdem muss ich meinen Senf auch noch dazugeben. Immerhin mit einem Gedicht, in Strophen und Reimen.

Christmas 2020

Auch der Schnee lässt auf sich warten,
weiße Weihnacht ist wohl nicht.
Nur auf bunten Grußeskarten
glitzerts hell im Dämmerlicht.
Nichts ist so in diesem Jahr,
wie es sonst und früher war.

Auch dem Shopping heißt's entsagen,
Glühweintrinken ist tabu,
Tag für Tag ist Unheil zu beklagen.
Selbst die Weihnachtsmärkte sind nun zu.
Wer mag da frohe Lieder singen!
Wie sollen so die Glöcklein klingen?

Der Weihnachtsmann heißt DSL.
und stellt Pakete an den richtgen Ort.
Auch Amazon beschenkt schön schnell,
nur kurz geklingelt und schon wieder fort.
So wächst per Internet Geschenkeflut.
Wer so bestellt, dem gehts noch leidlich gut.

Selbst wenn der Shutdown jetzt zuschlägt,
ist Weihnachten nicht ganz verloren.
Weil nicht ein jeder Winterluft verträgt,
heißt es, das Heim zu hüten, nicht nur für Senioren.

Bleibt bitteschön in eurer warmen Kammer,
erspart euch Covid und den ganzen Jammer.

Vielleicht macht Covid ja ‚ne Weihnachtspause
und ruht sich ein paar Tage aus.
Drum feiert still vergnügt das Fest zu Hause,
gönnt euch den wohlverdienten Schmaus.
Zündet am Tannenbaum die Kerzen an.
Was schert euch Covid? Denkt nicht dran!

Zwar gibt es viele Tote zu beklagen,
vor allem Alte trifft es sehr.
Gesundheitssystem droht zu versagen
und Infizierte werden täglich mehr.
Doch Weihnacht lassen wir uns nicht vermiesen,
Vom Himmel hoch wird da gejauchzet und gepriesen.

Im trauten Heim kann's so gemütlich sein:
Man spielt Menschärgerdich zu viert,
hört stimmungsvoll Musik bei Kerzenschein,
liest, was in Stadt und Land passiert.
Kurzum: Man macht sich eine gute Zeit.
Das neue Jahr ist ja zum Glück nicht weit.

Dann steht der Impfstoff schon bereit,
der Großeinsatz kann sofort starten.
Für keinen ist der Weg zur Rettung weit,
wenngleich das Jungvolk muss noch warten.
Zuerst sind Oma Opa dran,
dann wicht'ge Leute, schließlich jedermann.

Vielleicht vergeht doch noch ein Jahr,
bis Maskentragen ist passé.
Auch Abstandhalten bleibt noch lange wahr.
Mag sein, bis hin zum nächsten Winterschnee.
Doch bleibt trotz allem guten Mutes,
weil Politik passt auf und will nur Gutes.

Der Söder Markus und die Virologen,
der Laschet, Scholz und Angela, die Gute,
die plagen sich und sind dem Volk gewogen,
tagaus tagein, selbstlos in jeglicher Minute.
Da gibts zwar Leut, die denken quer.
Doch deren Hirn ist furchtbar leer.

Wenn erst einmal am Baum die Lichter brennen,
wenn Kinderaugen glänzen hell und klar,
dann dürfen wir uns alle glücklich nennen,
weil alles wird, wie's früher war.
Der Trump haut ab, Corona folgt ihm hinterher.
Denn beide sind fürwahr nicht populär.

Was wir nicht mögen, wird verschwinden,
Gemeinsam werden wir die Plagen überwinden.
Jetzt halt ich aber meinen Mund.
Wünsch frohes Fest. Und bitte, bleibt gesund!

14.12.20

4. Wir zwei und ich

Achtzig (14. 5. 2020)

Achtzig, sagt man oft beiläufig,
sei die letzte Strecke eines Lebens.
Denn man bemüht sich allzu häufig
bis zum Hundert meist vergebens.

Achtzig ist wie eine Bergeskuppe:
von oben blickst du in das weite Tal zurück.
Das, was vergangen, ist dir reichlich schnuppe,
du siehst nach vorne und du hoffst auf Glück.

Doch halt, bevor du weitereilst,
ein bisschen inne. Lass die Vergangenheit,
indes du so in dünner Luft verweilst,
noch einmal leben. Blick zurück in deine Zeit.

Die ersten zehn, die waren Spielerei,
im Nachhinein betrachtet.
So sanft behütet war'n die Jahre, kindhaft frei,
dass mancher lebenslang nach ihnen schmachtet.

Die Zuckertütenzeit, das kleine Einmaleins, das ABC,
der erste Streit und Einsamkeit und Nichtverstehn,
Verzweiflung, Liebeskummer, Herzensweh,
vergiss sie nicht. Lass das nicht untergehn.

Nein, Jugend war kein Zuckerschlecken,
verklärt vom Alter, wird sie oftmals überschätzt.
Du konntest dich mit Mühe nach der Decke strecken,
warst weder Fisch noch Fleisch, dünnhäutig und verletzt.

Die Zeit verging, die Jahre eilten
und mancherlei hat Spuren hinterlassen.
Manch eine Narbe blieb und tiefe Wunden heilten,
Man lernte lieben und man lernte hassen.

Man lernte mit sich selbst und andren leben.
In kleinen Kriegen gab's auch Niederlagen.
Man hörte auf, sich ganz und gar zu geben.
Vorbei: die Jagd. Vorbei, die großen Fragen.

Da steht man nun auf letzter Strecke
und weiß noch immer nicht genau wohin.
Man ahnt nur vage, was zu weichem Zwecke
getan, geschehn, versäumt. Wo steckt der Sinn'?

Vor dir, da liegt es abgrundtief,
ein Schlund, ein Loch. Was bringt die Zeit?
Der Pfad ist krumm, gefährlich, schief
und bis zum Ziel ist's nicht mehr weit.

Das Ziel? Ist es vielleicht nur Ende?
Verliert sich fern und liegt in dunkler Nacht.
Die achtzig Jahre sind wie eine Wende,
und rückwärts führt kein Weg und keine Macht.

Noch bist du fit, im großen Ganzen.
Zwar biegst du keine Eisenbalken mehr,
doch trägst du achtbar grade deinen Ranzen.
Ist der allmählich auch sehr schwer.

Drum nütz die Jahre, die noch bleiben,
fünf oder zehn noch, allerbestenfalls.
Versuch dich in das Buch der Zeit zu schreiben
und leb' so gut du kannst aus vollem Hals.

Das wünsch ich mir und allen denen,
die jene Schwelle überschritten haben.
Hört offnen Ohrs das Singen der Sirenen,
lasst euch beschenken und genießt die Gaben.

Du

Du bist das Salz in meiner Suppe,
der Topf auf meinem Deckel.
Du bist der Punkt auf meinem i,
Du bist mein Anfang und mein Ende,
Da, wo du bist, will ich auch sein.

Ich habe dich zum Fressen gern,
ich könnte Pferde mit dir stehlen,
und alle Sterne hoch vom Himmel holen,
bis du allein am Firmament noch leuchtest.

Gib mir die Hand und reich mir deinen Mund,
schenk mir die schönsten aller Tage,
vergib mir alle meine Sünden,
zeig mir die besten deiner guten Seiten
und lass mich dich egal wohin begleiten.

Ich bitte dich, sei gut zu mir,
dann will ich dir den Himmel zeigen
und dich auf meinen Händen tragen,
du Leichtgewicht mit sanftem Herzen!
Du Du, komm, hab mich bitte lieb!

Wir zwei

Als sie einander damals trafen,
lag so viel Leben noch vor ihnen.
Sie hatten keine Zeit, sie zu verschlafen
und nutzten sie, sich ihrer zu bedienen.
So wurden sie sehr schnell ein Paar.
Und blieben's mehr als fünfzig Jahr.

Sie liebten sich, sie hassten sich,
sie bauten sich ein sich'res Nest.
Zieht man Bilanz, bleibt unterm Strich
ein Hauch von Glück, manch gutes Fest.
Er hat viel Worte stets gemacht
und sie hat Farbenglanz ins Heim gebracht.

Wir werden noch ein Weilchen weiterleben,
uns lieben und einander pflegen.
Wenn dann die Zeit gekommen ist,
wird auch kein Trauerflor gehisst.
So wie es war, war es nicht übel,
Adieu im Jenseits, engelsgleich mit Flügel.

Verlorene Liebe

Die Liebe kam ihm jäh abhanden.
Er brauchte eine Zeitlang, zu versteh'n,
dass es sie nicht mehr gab.

Erst war er leer, fand keine Worte.
Als dann die Tränen endlich kamen,
da waren's nicht genug.
Er wurde wortkarg, schweigsam, stumm,
verschloss sich in bedrückte Einsamkeit.
Als das nichts half,
sucht' er sein Heil in wildem Tun,
in Suff und Drogen, ungehemmtem Sex.
Als das ihn auch nicht neu belebte,
verkroch er sich ins allertiefste Selbst.

Er dachte an die Zeit, die er vergeudet hatte,
an all die nicht gegang'nen Wege,
an Nächte, die er nicht mit ihr geschlafen,
an Lügen, die er ihr erzählt,
daran, wie geizig er mit den Gefühlen war.
Er wünschte sich, er könnte ihr noch einmal sagen,
wie sehr er sie geliebt.

Er weiß es nun, endgültig und für immer,
was alles er leichtfertig hat versäumt.

Es ist vorbei: Die Liebe ist verloren.

Ich hab dich satt

Oh Mann, wie du mir auf den Wecker gehst!
Ich hab die Nase voll von dir,
Hau ab, ich kann dich nicht mehr sehn!
Mir reicht's jetzt! Ein für alle Mal.

Du merkst nicht mal, wie ich tagtäglich schufte,
und wie ich mir den Arsch aufreiße,
damit du deine Ruhe hast.
Ich räume auf, ich koch für dich,
ich wasche deine dreck'ge Wäsche,
ich bin bereit, wenn du mich vögeln willst.
Und was tust du? Du grinst!
Was andres fällt dich wohl nicht ein.
Du könntest auch mal danke sagen.
Stattdessen nölst du: Bring mir mal'n Bier!
Und ich, ich dumme Kuh, ich tu's.
Mensch Mann, ich hab ja so die Schnauze voll,
ich weiß nicht was, ach Mist, ist eh egal!
Los, sag doch was. Ich muss gleich heulen.
Oh Mann, ich hab dich satt, so satt, so satt!

Hallo, was machst du jetzt?
Wieso ziehst du dir Jacke, Schuhe an?
Du willst doch jetzt nicht etwa geh'n?
Mann, hau nicht ab! Bleib hier!
Ich bitte dich, lass mich jetzt nicht allein.
Mir kommen gleich die Tränen.
Ich hab das alles doch nicht so gemeint!
Komm, lass uns kuscheln.
Moment, ich hol dir noch ein Bier.
Mann du! Verzeih und gib mir einen Kuss.
Ich hab dich doch so lieb!

Schlussstrich

Zu oft hab ich dir schon gesagt:
„Verzeih, ich hab's nicht so gemeint".
Und du, du sagst „Okay, ist ja schon gut",
fügst noch hinzu: „Ich will mich ändern".

Doch diesmal bist du schief gewickelt.
Ich mein es ernst, selbst wenn du das nicht glaubst.
Du zuckst die Schultern, blickst ins Leere,
was Bess'res fällt dir wohl nicht ein!

Für mich ist jetzt endgültig Schluss.
Und wenn du denkst, dass du der Größte bist
und dass ich ohne dich nicht leben kann,
dann hast du eine Meise.

Ich komm sehr wohl allein zurecht,
weil, ohne dich geht vieles besser.
Auf was du Lieben nennst, kann ich verzichten.
Nee, du, dein Charme, der zieht nicht mehr.

Nimm deinen Plunder und hau ab.
Das ist mein allerletztes Wort.
Wenn ohne mich du nicht mehr weiterweißt,
ist mir das wirklich scheißegal.

La dolce vita

Wieder mal die Sau rauslassen,
Leben wie aus vollen Zügen!
Koste, was es wolle: Bella Italia!

Aperitivo vorneweg: Campari Limette und Cinzano Rosso,
Antipasto, prego, vom feinsten:
Carpaccio vom Rind, Bruschetta, Vitello tonnato.
Ein Tellerchen Pasta danach: Spaghetti Vongole,
Venusmuscheln und Knoblauch mit Maßen.
Ein Glas Chardonnay, besser noch ein Merlot,
Ein zärtliches Lächeln der Liebsten,
vielleicht ein leichter Druck mit dem Knie gegen Schenkel,
dann aber weiter: piatto principale, Cameriere!
Saltimbocca alla romana,
auf Deutsch: Kalbsschnitzel mit Schinken,
Salbeiblätter dürfen nicht fehlen.
Für mich eine Margherita, Basilikum nicht vergessen.
Alla salute, zum Wohlsein, mein Schatz!
Ich freu mich auf später, weißt schon, was ich meine.
Küsschen, Küsschen und Gläsergeklingel.
Als Dessert Panna cotta mit Limoncello.
Café Ristretto und, prego, Herr Ober die Rechnung.
Gracie! Stimmt so. Der Rest ist für Sie.

Zum Abschluss Amore!
Mach dich frei, Allerliebste und zeig, was du hast,
nimm in dein Mündchen, was immer du findest
und lass uns la dolce vita genießen,
denn morgen, morgen,
ist wieder Eintopf mit Würstchen.

Zwischenstationen

Die Aufenthalte im Vorübergehen,
die traumverlornen Stippvisiten,
das Warten auf den nächsten Zug,
Gesichter, die zu Schatten werden
und Städte, die nur Namen sind.
Und das Gepäck wird immer schwerer.
Die ausgelatschten Schuhe drücken.
Wie lange noch
wird diese Reise dauern?
Wo in dem fahlen Nebel ist das Ziel
und wann, wohin, warum und wer und was?

Irgendwo
schwemmte mich meine Mutter an Land.
Ich fühlte mich heimisch eine Weile
an ihren warmen Brüsten,
bis ich den kurzen Hosen entwuchs,
mich auf den Weg machte
landeinwärts.

Irrte ein wenig umher,
stolperte, stand wieder auf,
fand dann im Schatten ein friedliches Plätzchen,
zwischen Buchen und stämmigen Eichen.
Kerbte meinen Namen in die Rinde,
richtete das Fähnchen in den Wind,
pflanzte Apfelbäumchen und vermehrte mich.
Wohlgefällig selbstzufrieden sah ich eine Zeit lang zu,
wie die jungen Triebe wuchsen.

Hin und wieder tat sich auf ein Windchen,
blies mich fort nach Süden Westen sonnenwärts,
an die Ufer seichter Meere.
Lernte fremde Fliegenbeine zählen,
lotete Untiefen aus,
blieb ein wenig und fuhr weiter,
gipfelstürmend Hirngespinsten auf der Spur.

Zog im Schlepptau Langeweile,
sehnte mich nach allem und nach nichts.
Trieb mein Wesen
zwischen Türkenhonig, Palmenwedeln,
nordlichttrüben Wüsteneien.
Rollte, ungeschliffner Stein, über Land und Leute,
schliff mir meine Kanten ab,
wurde rund, glatt und behäbig.

Nun lieg ich träg im warmen Bett,
zähl grübelnd Tage, die noch bleiben,
so zwischen Sosein und dem Nimmermehr.
Stülp mir die Schwermutskappe über Kopf und Kragen,
leg mein Gesicht in alterskluge Falten,
gedenke derer, die vor mir gestorben,
bau mir ein Iglu in dem Schnee von gestern.

Das Schlusslicht verglimmt in der nebligen Ferne.
Der Tunnel ist lang.
Auf halbmast die Fahnen.
Der Wind, der weht, was sonst soll er wohl tun?
Und das Meer, es versinkt trübgrau in sich selbst.

Selbsterkenntnis

Ich bin, dass ich's gestehe,
ein Arsch von Kopf bis Fuß.
Auch, wenn ich bekennen muss,
dass ich mich gut mit mir verstehe.
Bin nur ein schlichter, kleiner Dichter,
ein Zwerg inmitten großer Lichter.

Ich mache mir auf alles einen Reim
und dichte gern in vollen Zügen.
Die meiste Zeit mit mir daheim,
da leb' ich gut mit meinen kleinen Lügen.
Ich bin ein halbgesottner Verseschmied,
der in der Dusche schmettert eigen Lied.

Ich werd' auch weiter Verse machen
und über mich recht herzlich lachen.

Genial radikal

Sie meint, sie muss mich maßlos loben,
wenn ich der Dichtkunst mich ergeben
und ein paar Verse grad gebogen.
Sie will partout mich auf den Sockel heben.

Da hock ich dann auf dem Podest.
Und sie hält mich für genial.
Und dass man mich da kauern lässt,
ist, außer meiner Frau, dem Rest der Welt egal.

Die Luft dort oben ist sehr dünn und teuer,
so zwischen Goethe, Grass und Brecht:
Solch Genialsein ist mir nicht geheuer,
ich komm damit nur schlecht zurecht.

Doch irgendwie bereitet mir das auch Behagen,
denn immerhin bin ich nicht trivial banal.
Ein bisschen Lob kann ich sehr wohl ertragen,
ich bin zwar nicht genial, doch radikal normal.

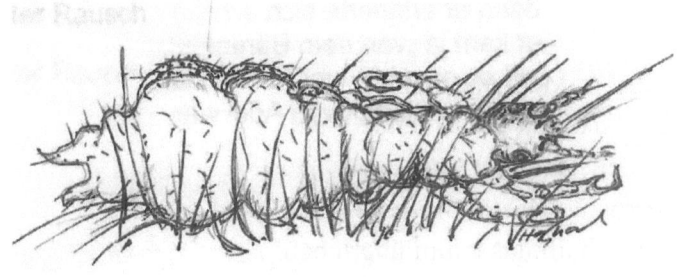

Manchmal möchte ich sein ein Fisch

Nicht Makrele, Schellfisch, Flunder, Aal,
sondern so ein großer, freier Schwimmer,
Delfin am liebsten, Manta oder Wal.
Grenzenlos und meerwärts wo, wohin auch immer.
Durch Ozeane würd' ich schweben,
in blauen Tiefen unbekümmert leben.

Ich schwimme für mein Leben gern,
ich liebe Wasser, Wogen, Wellengang,
Tauch unter, denn da unten ist kein Lärm,
und kein Getöse, Stress, kein falscher Klang.
Nur sanftes Gleiten in durchsonnten Fluten,
ich find' nichts Besseres mir zuzumuten.

Doch das Leben ist nun mal kein Traum.
Wär ich Fisch, müsst ich mit andren Fischen leben,
um Futter ringen und um Lebensraum.
Müsst Daseinskampf und Not und Tod erleben.
Denn in den dunklen Fluten herrscht ein Krieg
und nur dem Stärksten winkt ein Sieg.

Und all der Müll in Meereswelten,
Plastik und Öl, Fäkalien und Chemie,
die sich in tiefsten Tiefen breiten,
die menschgemachte Horrorszenerie!
Ich würd' als Fisch all das kaum überleben
und in das Schicksal mich ergeben.

Drum bleib ich lieber Menschenskind.
Und hoff, dass auch in fern'ren Zeiten
über die Meere streicht der gleiche Wind,
den weiße Möwen federleicht begleiten.
Ich wünsch Delfinen Glück in blauen Fluten,
das Gleiche mir, im Bösen wie im Guten.

Ein Fisch zu sein, ist Traum und Fantasie.
Selbst Mensch zu sein, braucht es viel Energie.

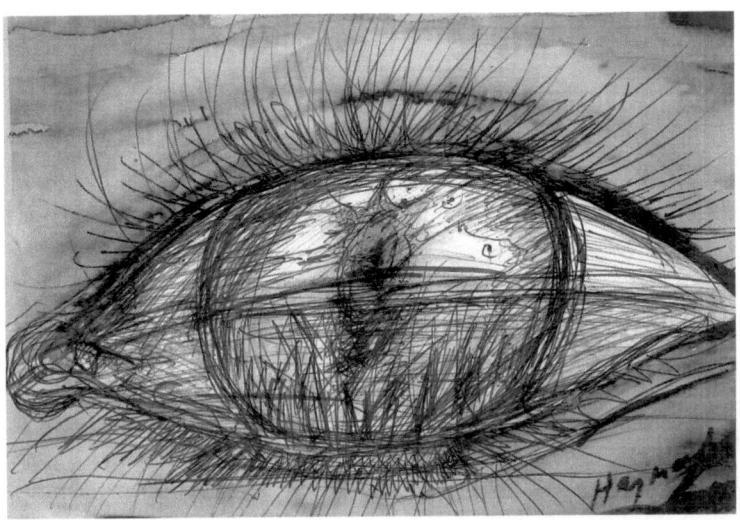

Morgenstund

Ich hab heut so ein verdammt depressives Feeling.
Meine neunzig Kilo hängen herum
wie klitschnasse wollene lange Unterhosen auf der Leine.
Ich wuchte mich aus dem Bett,
krieche auf allen vieren zum Frühstückstisch,
fläze meinen Ellbogen auf die Platte,
halte mit Mühe mein Kinn aufrecht.
Fast wäre es mir in den Kaffee gefallen.
Der Kaffee ist bitter und lau,
die Brötchen kugeln wie Gummibälle über den Teller,
in der Marmelade verlieren sich einsame Erdbeeren.
Beim Kauen verspüre ich Muskelkater.
Ich ächze und stöhne.
Draußen treibt die Sonne so ein verdammt positives Spiel,
die Wölkchen huschen am blauen Himmel herum,
die Vögel zwitschern,
das Gras wächst den Blumen über den Kopf
und irgendwo lachen wahrscheinlich Kinder.
Es ist zum Kotzen:
als ob alle Welt ihre Fröhlichkeit vor sich herträgt,
bloß, um mich zu ärgern.

Mein depressives Feeling
lass ich mir nicht madig machen,
scheiß auf den schönen Morgen,
hau mich wieder ins Bett
und denke:
Morgen ist bestimmt ein besserer Tag.

Scheiß Sonnenschein

Die Sonne geht ihm auf den Geist,
die Himmelsbläue fällt ihm auf den Wecker.
Kein Wölkchen, welches Linderung verheißt
und weit und breit kein Schukostecker,
um rauszuziehen, denn dann wär' Schluss
mit diesem Sommersonnenhitzestuss.

Er hat die Schöneswetterfaxen gründlich satt,
wünscht sich ein dickes, fettes Regenhageltief herbei,
ein säuisch Wetter, welches Schnee und Stürme hat.
Stattdessen gibt es nur beklopptes Himmelsbläueeinerlei.

Er könnt' sich kreuzweis' in den Hintern beißen,
die Laune ist total im Arsch,
nur eines kann ihn aus der Seelenflaute reißen:
Der Griff zur Schere: kurz entschlossen barsch.

Links, rechts: Er schnipst und schneidet in die Locken,
ritsch ratsch, seht her, verdammt, geschieht euch recht!
Und Haar um Haar fällt es wie winterliche Flocken.
Mit jedem Schnitt geht es ihm wen'ger schlecht.

Wohl dem, dem in dem allerschlimmsten Frust,
ein flotter Haarschnitt aus dem Stimmungsloche reißt.
Schneid nur drauflos mit Herzenslust.
Du merkst sogleich, dass du hinfort aufs Wetter scheißt.

Wenn im Frühling

Wenn Vögel ihre Nester bauen
und Blütenknospen sich entfalten.
Wenn Wintersorgen plötzlich tauen,
ist es im Haus kaum auszuhalten.
Obwohl ich das schon oft gesehen,
macht's mir ein eigenartig Wehen.

Wenn Mann und Frau und Kind und Hund
Das warme Sonnenlicht genießen,
wenn Menschen lächeln ohne Grund,
dann ist es Zeit, die Wintersorgen wegzuschließen.
Obwohl ich das schon oft erfahren,
bleibt's auch noch schön nach vielen Jahren.

Wenn Grillgerüche durch die Lüfte schweben
und Rasenmäher Lärmkaskaden machen,
wenn Pollenflug verquoll'ne Augen lässt erleben,
dann ist es Zeit, mit Frühlingslüsten Schluss zu machen.
Ich hab das schon so oft ertragen.
Drum will ich nun der Frühlingsfreud entsagen.

Gedanken beim Betrachten einer Wäscheleine

Im letzten Sommer hab ich mir versprochen, dass nie
mehr wieder ich mich werd' versuchen an jener
Sommerhitzenpoesie,
die affig und bescheuert, überflüssig, durch und durch banal,
die niemand braucht, weil dumpf und blöd und schal
und die ich drum zu meiden mir geschworen.
Nun sitz ich unterm Sonnendach und schwitz aus allen Poren.
Mein Blick möcht in die Weite gehen, doch vor mir ist nur
Nähe.
Nicht Meer, noch Himmel, nein! Nur eine Wäschelein' ich
sehe.

Zweimal fünf Meter grüne Leine,
Plastik natürlich und von Baum zu Baum gespannt,
drei Bügel links, fünf rechts, leer und alleine,
als ob für sie kein Wäschestück sich fand.
Sie hängen einfach dumm und zwecklos rum,
sie tun mir leid, wie sie im Winde baumeln,
verloren wirken sie, voll Vorwurf, stumm,
als würden sie ins Kleiderbügel-Jenseits taumeln.
Und auch acht Klammern, grün, weiß, blau und rot,
seh ich sinnlos und unbehängt an jener grünen Schnur.
So leblos und verloren schaukeln sie, wie tot.
Herr Gott, schenk ihnen Leben, und sei es eine Socke nur.

Doch wie's so geht, wo Leid ist, ist auch Freud und Spaß:
Drei Hosen haben sich in schöner Eintracht hier gefunden,
zwei Leinenshorts, x und xl, und eine ist sogar noch nass,
man ahnt, die Träger sind herzinniglich verbunden.
Ein wenig schlabbrig sehn sie aus von häufigem Gebrauch,
gewölbt ist das Gesäß und ausgeleiert ist der Bauch.

Daneben hängt eine Bermuda, mit Hosenband und Gummizug,
Five-pocket-Style mit Taschenfutteral fürs Phone,
schön schlacksig, lang und rundum weit genug.
Dies Kleidungsstück gehört, sofern vorhanden, einem Sohn.

Mit gelben Gänseblümchen drauf gemalt, daneben,
hängt ein Bikinioberteil, blau, gelb und herzlich klein.
Von Körbchengrößen kann ich keine Auskunft geben,
Doch denk ich mir, da passt ein Teeny rein.

Ein Schlüpfer, schwarz, von grundsolider Schwere,
zeugt sehr beredt von Hausfraunfleiß und Tugend.
Wer solcherlei trägt, der genießt Respekt und Ehre
und lebt gesetzt und reif in seiner dritten Jugend.

Auch ein BH zeugt von Gewicht und Wertigkeit,
mattweiß und achtungsheischend weht's im Wind.
Die beiden Körbe sind so tief und breit,
dass man nicht leicht passenden Inhalt find'.

Orange ein Handtuch mit 'nem Sonnenblumenfeld
Vincent van Gogh hätt' seine Freude dran.
Ein zweites, grün, bedruckt mit Dollargeld,
nicht nur auf Kunst, auch auf Moneten kommt es an.

Ich hab' die Leute wohl in Augenschein genommen,
die hier ihr frisch Gewaschnes in der Sonne bleichen.
Ich weiß, dass sie aus Niederlanden kommen,
wo Käse, Wind und Wellen sich die Hände reichen.

Weiß nicht, wes Geistes Kind sie sind, ob clever, ob banal,
ob reich, ob arm, klug, dumm, verrückt, pervers.
Nur was Familie Holland trägt, das kenn ich allemal.
Ich denk mir meinen Teil und mach drauf meinen Vers.

Und diesen Vers häng ich an meiner Leine auf
und lass ihn von der Sonne trocken werden.
So ist nun mal des Lebens Lauf,
Herz wird zu Schmerz und Himmel küsset Erden.

Wer niemals Wäscheleinen hat besungen,
der hat auch nie um Dichterwort gerungen.
Was leibt und lebt im Sommersonnenschein,
hat es verdient, der Stoff für ein Gedicht zu sein.

Musenkuss

Dem einen ist das Auto allerliebstes Stück,
ein andrer sammelt seltne Dinge.
Ein Gartenteich ist diesem höchstes Glück
und jener hängt sein Herz an güldne Ringe.
So lässt sich manch ein Steckenpferd berichten,
mein Hobby aber ist und bleibt das Dichten.
Nach eines Tages Fron und Müh -
essen, trinken, Bücher lesen
bis nachmittags von morgens früh -
find ich endlich dann mein wahres Wesen:
Lass das Auge schweifen über Berg und Hügel,
hör in mich und kau am Brillenbügel.
Manchmal sitz ich so für Stunden,
denk: 'Ach, ist das Dichten schwer',
bis ich endlich einen Reim gefunden:
schwer: Drauf reimt sich sehr, Meer, Teer.
Letzteres jedoch ist zu profan,
hört sich nicht poetisch an.
Man braucht nicht viel zum Versedichten:
Ein Lexikon, Geduld, Computer und Papier.
Aufs Lexikon kann man genauso schlecht verzichten
wie auf Geduld, des Dichters Lebenselixier.
Doch der Computer ist kein Muss,
Auch Goethe schrieb per Hand und mit Genuss.
Doch Musenküsse sind vonnöten,
wart' manchmal Ewigkeiten auf dergleichen Schmatz.
Dann plötzlich hör' von fern ich's flöten
und schon ergießt sich über mich ein ganzer Schatz
von Wörtern, Bildern und Symbolen:
Find kaum noch Zeit, um Luft zu holen.

Ich schlag wie wild die Tastatur
Metaphern fliegen über'n Bildschirm hin
vergess die Welt, bin Sprachrohr nur
und hoff, die Worte geben einen Sinn.
So bin ich ganz der Musen Medium,
verströme mich, bin danach leer und dumm.
Wenn ich das Werk vollendet vor mir schau,
lehn ich erschöpft und glücklich mich zurück.
Dank Gott und meiner guten Musenfrau,
weiß näher mich der Ewigkeit ein Stück.
Fühl durstig mich und hungrig lange schon,
Wurstbrot und Bier ist nun des Dichters Lohn.
Tagaus tagein bau ich derart an meinem Ruhm.
Weiß wohl, erst Nachwelt wird mich preisen:
Olympier, goethegleich wird unsereiner nur posthum
und muss im Diesseits dritter Klasse reisen.
Doch einst als Engel dann auf Wolke zehn,
seh meinen Namen ich in jeder Schülerfibel stehn.

Fromme Wünsche

Ich möchte so gern,
dass es dich gäbe,
du guter, alter, lieber Gott,
dann könnt ich mir so vieles wünschen.
Das wär wie'n Treffer im Jackpot.

Ich wünschte mir,
dass ich die richt'gen Wünsche hätte,
zum Beispiel: Satt zu essen für die ganze Welt,
und Friede, Freude, Eierkuchen,
zu Ostern frohes Eiersuchen
und allzeit Sommersonnenschein.

Gott hilf mir,
dass ich richtig wünsche:
Ein rosa Fahrrad für die Enkeltochter,
den Mähroboter für den Garten,
ein Passwort für die Liebe meiner Liebsten,
wohl temperiert ein Schoppen roten Wein,
der BVB soll deutscher Meister werden,
zum Henker mit den Trump- und Orbanschurken.
Ich selbst hätt' gern noch ein paar gute Jahre,
und dass der Flieder wieder so schön duftet,
dass alles wieder wird, wie es mal war,
und alles anders wird und neu und ungewohnt.

Und weil jetzt grad Corona waltet,
wünsch ich zum Teufel Covid 19.
Er soll verschwinden, wie er kam,
der gottverdammte Virusscheiß.

Soll alle Welt sich infizieren
und dann ganz schnell genesen sein,
und juppheidi heida von den Balkonen schrei'n.

Doch, lieber Gott,
weil ich nicht glaube,
dass du vom Himmel hoch herniederschaust.
Und weil der Erdenmist dich überhaupt nicht interessiert,
denk ich, dass alles, was ich mir ersehne,
nichts andres ist als frommes Wunschgeplänkel.

Alsdann, du mausetotes Gottgespenst,
rutsch aller Welt den Buckel runter!
Wir tragen unser Päckchen brav allein
und kriegen schon den Laden wieder flott.
Auch ohne all die frommen Wünsche.

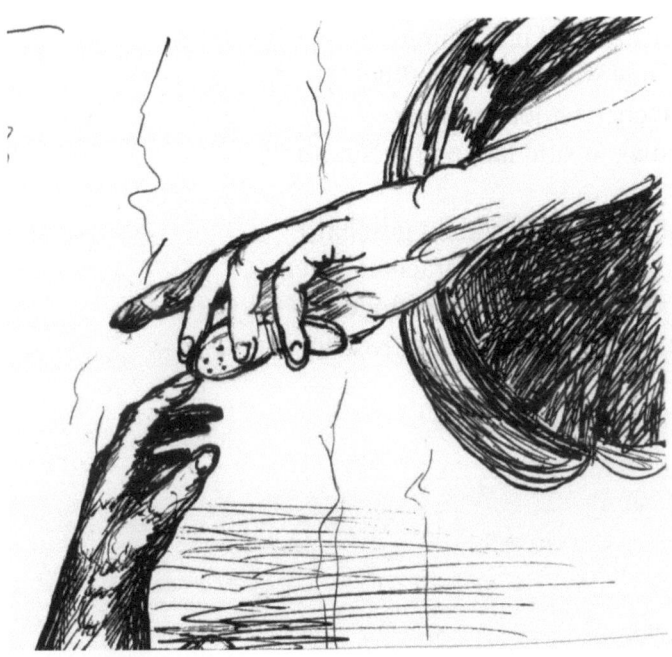

Ildiko malt

Das Atelier: ein Campingtisch.
Mit Stiften drauf und Tuben, Pasten
und Pinselallerlei in einem Kasten.
Sie übt, dass sie den rechten Strich erwisch.

Das Motiv ist griechisch blau,
mit einem Stich ins saftig Grüne.
Das Haus verlassen, jetzt Ruine:
Solche ein Objekt liebt meine Frau.

Der Kopf fixiert das Aquarellpapier,
der Pinsel gleitet Strich für Strich,
hier sitzt ein roter Fleck und dort ein Wisch.
Das alte Haus erlebt ein neues Hier.

Die Malerin sitzt still und stumm,
allein das Auge wandert hin und her.
Sie anzusprechen ist jetzt schwer.
Doch irgendwann sind lange Stunden rum.

Das Bild ist fertig, das Produkt geschafft.
Ob es gelungen, mag der Betrachter sagen
und seinen Gusto kritisch hinterfragen.
Ich jedenfalls erfreu mich an der Könnerschaft.

5. Kleine Freuden

Zehn Gebote für ein erfülltes Leben

I.
Am Morgen sollst du früh aufstehn,
am besten noch vor Morgengrauen.
Zum Himmel sollst du aufwärts schauen
und dann erst nach dem Rechten sehn.
Dank Gott, dass er auch diese Nacht
höchst selbst persönlich dich bewacht.

II.
Dann sollst du deine Zähne putzen,
Nimm Fluor-Creme, vielleicht Colgate,
und tu, was Dr. Best dir rate.
Zahnseide sollst du auch benutzen.
Die Zähne, die dir Gott einst gab,
pfleg sie, du nimmst sie mit ins Grab.

III.
Zum Frühstück sollst du Eier essen,
gerührt, gekocht, als Spiegelei gebraten.
Zu Solei sei dir nicht geraten,
ein Scheibchen Speck dagegen nicht vergessen.
Frisch auf, nun heißt es nicht mehr warten,
dein Gott gefällig Tageswerk zu starten.

IV.
Zuvor jedoch sollst du dich noch entleeren.
Bei dem Geschäft lass dir genügend Zeit
und nimm Gedrucktes mit, dich zu belehren.
Dazu ist auf dem Ort Gelegenheit.
Wenn dann weiß glänzend sauber ist dein Po,
beginnt dein Tag gleich doppelt froh.

V.
Jetzt ist die Zeit, um aufzuräumen,
den Müll recht ordentlich zu trennen.
Auch solltest du nun nicht versäumen,
dein angetrautes Weib mal ‚Schatz' zu nennen.
Zum Mittagsmahl ist's nicht mehr weit,
Denk dran, am besten schmeckt's zu zweit.

VI.
Danach musst du ein Weilchen rasten.
Verdauungsstress ist nicht zu unterschätzen.
Ein wenig von der Mühsal dich entlasten,
ist besser als zur nächsten Tat zu hetzen.
Ein Stündchen Schlaf zur Mittagszeit
Das hält gesund und dient der Heiterkeit.

VII.
Der Nachmittag ist Kaffeekuchenzeit.
Auch ein Spaziergang kann nicht schaden.
Jedoch geh langsam und auch nicht zu weit,
denk an dein Alter und die müden Waden.
Du sollst noch eine Weile weiterleben
und deinen Unruhstand gehörig pflegen.

VIII.
Für gute Freunde, die dir noch geblieben,
ist nun die Stunde, sie zu kontaktieren.
Grüß auch die Enkel, die dich lieben,
doch achte drauf, dass sie dich respektieren.
Jedweden Ärger solltest du beherzt vermeiden.
Er könnte dir den ausgefüllten Tag verleiden.

IX.
Nach einem frühen, leichten Abendessen
soll dich der Fernseher vergnügen.
Ein Krimi, Tatort, ist nun angemessen.
Doch halte Maß, zwei Stunden soll'n genügen.
Wirf dann von dir des Tages Last,
sei dankbar, dass du sie ertragen hast.

X.
Zur Nachtzeit sollst du dich ins Bett begeben.
Damit dich sanfte Träume ruhen lassen,
darfst du zuvor noch einen Scheidebecher heben
und leicht berauscht nach deiner Liebsten fassen.
Wenn's dann auf der Matratze kracht,
dankt Gott und wünscht euch eine gute Nacht.

Wer so sein Lebtag kann verbringen,
wird mit im Chor der Engel singen.
Gemischter Chor mit seinesgleichen
Wird ihm zu ew'ger Freud gereichen.

Alle Vögel sind nicht da

Seit Tagen steht in unsrem Garten
ein edles Vogelfutterhaus parat.
Die Luxusvogelkörner warten,
dass endlich sich ein Piepmatz naht.
Das undankbare Federvolk hingegen
sucht Nahrung sich auf andren Wegen.

Ich lauer stundenlang verborgen,
und hätt weiß Gott was anderes zu machen,
doch mach ich mir um Vögel Sorgen
und dass vielleicht sie mich verlachen.
„Steckt euch das Futter an den Hut,
uns geht's im Frühling auch so gut",

so denkt vielleicht ein dummer Spatz,
verschmäht die teure Vogelspeise,
als sei solch Menschengabe für die Katz.
Wenn dem so ist, hat Piepmatz eine Meise.
 Ich nehme inzwischen auch vorlieb mit Tauben,
selbst Krähen würd' ich das Menü erlauben,

wenn überhaupt ein Flatterfreund mal käme,
ich tät mein Weib vor Glück umarmen.
Wenn irgendwer nur unser Futter nähme!
Doch nichts, nicht mal `ne Dohle hat Erbarmen.
Das Vogelfutterhaus bleibt öd und leer.
Die leckren Körner weht der Wind umher.

So steht das Vogelhaus nun schon seit Tagen
sinnlos herum, doch auch schön anzuschauen.
Und wenn mich heute Freunde fragen,

warum wir so die Aussicht uns versauen,
sag ich vergnügt und voll Inbrunst,
Mensch Mann, das Ding, das ist doch Kunst!

Es zwitschert

„Wer zwitschert?"
„Nicht wer, sondern was. Die Vögel natürlich."
„Was denn für Vögel? Amsel, Drossel, Fink und Star?"
„Nee, nur Spatzen und Meisen und eine Amsel.
Alle andren sind nicht da."
„Und wo sind die?"
„Weiß nicht. Eben nicht da!"
„Warum zwitschern denn die, die da sind?
„Weil sie froh sind und sich freuen."
„Worüber denn?"
„Über den Frühling. Worüber Vögel sich eben freuen."
„Vielleicht über Corona."
„Wieso denn das?"
„Weil jetzt alles viel ruhiger ist."
„Aha!"
„Hör mal, wie es zwitschert!"

Liebesleid

Einsam, knallrot und verdrossen
glänzt im Nacken das Furunkel.
Zwischen Leberfleck und Sommersprossen,
leuchtet's wie das Licht im Dunkel.

Gegenüber auf dem Schulterblatt
sitzt ein Pickel, dick und fett.
Reckt sich, gähnt und ist so satt
wie eine Laus im Lotterbett.

„Hey Pickel, Du, Ich find dich gut!",
flüstert Furunkel ganz verschämt für sich
und fasst sodann auf einmal herzhaft Mut,
ruft laut: „Hey Pickel, Du! Ich liebe dich.

Dein Anblick macht mich solcherarten an,
dass sich mein Innenleben ganz und gar versteift.
Kaum, dass ich meine Säfte halten kann."
Der Pickel grinst, da er sehr wohl begreift.

Er streicht sich über seinen Eiterbauch,
rülpst und spricht den folgenschweren Satz:
„Du kannst mich mal und ich dich auch.
Gleich geh ich auf und fließ zu dir, mein Schatz!"

Ob solcher hold gehauchter Liebesworte
platzt dem Furunkelchen vor Glück der Kragen.
Es fließt davon wie in der Hitze Sahnetorte,
kann sterbend nur noch schwach „Ach Liebster" sagen.

So endet wie so oft im Lebena
auch diese Liebe tragisch trüb.
Die beiden hätten sich so viel zu geben
und hatten sich so herzlich lieb.

Sein oder Nichtsein war auch für die beiden
die Frage aller Fragen. Unüberwindbar, abgrundtief
war ihr Geschick. Und solches hieß es leiden,
bis gnädig sie der Tod in das Nirwana rief.

Kaktus und Rose

Hast du einen Kaktus lieb,
nimm dich gut in Acht.
Denn der stachelt im Prinzip.
Ganz besonders in der Nacht.

Liebst hingegen du die Rose,
musst du auch mit Stacheln leben
und erschwert wird noch die Chose,
weil so viele nach ihr streben.

So ein Kaktus ist solide,
trocken und braucht wenig Pflege.
Ihn zu lieben ist ein stiller Friede,
selten kommt dir jemand ins Gehege.

Rosenliebe macht viel Sorgen:
Das Gewächs blüht allezeit.
Sei gewiss, schon früh am Morgen
stehen schönheitstrunkne Romeos bereit.

Sind dir inn're Werte wichtig,
halt dich an das Wüstenwesen.
Bei der Rose liegst du richtig,
scheust du nicht die hohen Spesen.

Kannst du beide dir gewogen halten,
ist das der Weisheit letzter Schluss.
Zwar ist dein Liebesleben dann gespalten,
doch es gedeiht und lebt im Überfluss.

Zwei Gitarren

Halb verschlossen greifen Augen,
tasten Finger fest um Saiten,
heben Klänge hoch auf breiten
Wogen, bis sie auch den Sternen taugen.

Und die Lippen formen Lieder,
die auf hellen Wellen reiten.
Dumpf wie die Zentauren schreiten
fremde Worte, die sich schmiegen an die Glieder.

Nacht steht summend an der Pforte.
Und die Blicke ziehen Kreise.
Jeder lebt auf seine Weise.

Und verstummen dann die Worte,
ruht die Stille auf den Bäumen.
Lied verliert sich in den Träumen.

Zeitlauf

Es läuft die Zeit,
was soll sie sonst auch machen.
Mal langsam, mal mit 180 Sachen.
Mir geht die Zeitenrennerei zu weit,
was schert mich denn der Zeitenlauf.
Ich mach mein Ding und pfeif darauf.
Selbst dies Geschreibsel unterliegt dem Lauf der Zeit
Soeben weniger noch als nur ein Nichts,
trägt's nun schon Züge des Gedichts.
Anscheinend kannst du gar nichts tun:
Der Zeitenlauf hat dich im Nacken,
du fliehst, doch er kriegt dich zu packen.
Womöglich hab ich ein Rezept gefunden:
Ich halt den Atem an und stell mich tot.
Dann hat die Zeit mit mir zumindest ihre Not.
Als ich das letzte Mal so tot wie möglich war,
ist in der Zwischenzeit so allerhand passiert.
Zurück im Zeitenlauf hab ich nichts mehr kapiert.
Jetzt lass ich wieder mal den Zeiten ihren Lauf.
Ob Sommer- ‚Winter-, Arbeits- oder Urlaubszeit,
Genieße. Nimm sie dir, nur das alleine ist gescheit.

Marguerite auf Hellas

Marguerite heißt die Kleine,
schenkte mir gemalt ein Blatt Papier:
Mit Sonnenblume, Baum und viele Steine,
Sonne nimmt die Wölkchen ins Visier.
Zwischendrin viel Weiß.
Es ist Sommer und sehr heiß.

Ein Esel, zart, in Ton gebrannt.
Mit zwei Körben an den Seiten,
ist der Freundschaft zweites Pfand.
Sicher kann man auf ihm reiten,
wenn man klein ist wie Marguerit
und vielleicht nimmt sie mich mit.

Drück zwei Küsschen auf die Wangen:
Danke schön! Du bist so lieb.
Womit hab ich dich gefangen,
dass dich Freundschaft zu mir trieb?
Bist erst sechs und schon so weise!
Ich nehm dich mit von dieser Reise.

Abgefahren

Michael hat eine neue Hose,
grünweiß längsgestreift,
aber was für ein Grün!
Das gibt's gar nicht,
echt abgefahren, geil, super!
Michael hat eine neue Freundin:
Sie ist still und heißt Anke,
aber sonst ist sie in Ordnung.
Im Herbst fährt sie nach Chile
für ein Jahr. Bio kann sie gut.

Nicklas sitzt an der Bar,
zehn Stunden am Tag.
Echt abgefahren. Spielt Taffli
und liest das gleiche Buch wie im Vorjahr.
Die Geschichten haben sich gut gehalten.

Jonas ist Nicklas Freund:
Sehr blass und mit Pickeln im Gesicht.
Manchmal hängen ihm die Haare bis zum Kinn.
Dann sieht er aus wie ein Hirtenhund,
doch er bellt nur leise und unauffällig.

Sara findet sich zu dick,
ist aber freundlich und lächelt gerne.
Wenn sie nicht badet, lernt sie Chemie.
Sara will Ärztin werden,
weiß es aber noch nicht so ganz genau.

Ildikos Ich sitzt in der Pinselspitze, wann sie malt.
Landschaftsfotos sind hilfreich.

Nash sechs Stunden steht sie auf
und kocht Letscho auf ungarische Art.
Alle loben dann: ihre Kochkunst.

Rüdiger hat sich einen Notebook gekauft
Sitzt stumm und starrt in seine Weite.
Ab und zu fallen ihm Wörter ein. Dann tippt er
ganz schnell. Aber ansonsten
Wartet er eher auf einen Wind zum Surfen.

Dieses griechisch träge Mittelmeerkaff
ist ganz schön abgefahren und stinklangweilig.
Echt super. Weiß der Teufel,
warum Leute hier jedes Jahr hinfahren,
wenn's doch in den Alpen an der Nordsee viel steiler ist.

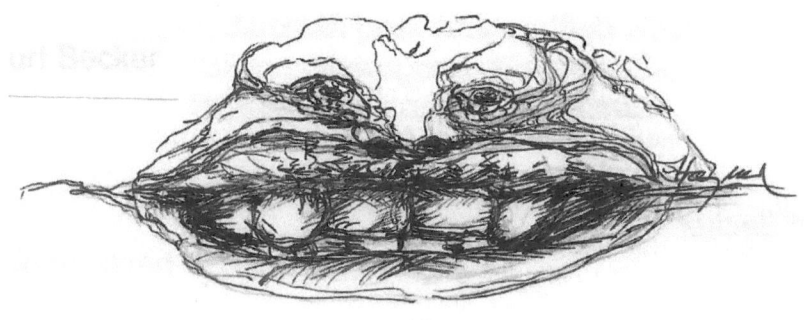

Alles für die Katz

Zum Thema ‚Katzen' fällt mir zuerst Griechenland ein. Katzen sind nicht unbedingt meine Lieblingstiere, Griechenland aber ist mein liebstes Urlaubsland und damit bin ich beim Thema. Gibt es irgendwo in Griechenland einen Ort, an dem einem keine Katzen begegnen? Wo immer man ist, auf einem Campingplatz, in einer Bar, einer Taverne, im Kloster, vor einer Kirche, ja, selbst in einer Kirche, überall ist da schon die Katz. Sie liegt auf Stühlen, räkelt sich unter Tischen, hat sich auf Bänken und unter Platanen zusammengeschnurrt und schlummert den täglichen Heilschlaf. Nachts gehen Katzen auf Mäusefang oder, sofern es Kater sind, auf Brautschau. Am Abend aber, wenn die Menschen beisammensitzen und speisen, fordern sie ihren Anteil von den Köstlichkeiten der griechischen Küche. Nicht etwa, dass sie sich für den leckeren Kalamaresring oder den Gyrosstreifen bedanken, nein, der Leckerbissen steht ihnen zu.

Und wenn es tatsächlich Menschen gibt, die dem schnurrenden Katzenvieh nichts abgeben, dann haut Katze einfach zum Nebentisch ab, ein wenig beleidigt, und der Geizhals wird mit Nichtachtung bestraft.

Ich achte die Selbstbezogenheit griechischer Katzen, bewundere ihr Phlegma, akzeptiere ihre kaltschnäuzige Missachtung, erfreue mich an ihrem streichelsüchtigen Schnurren, ihren einschmeichelnden Liebesbezeugungen und ihrer Fähigkeit, einen um die Pfote zu wickeln.

Was wäre Hellas ohne seine Katzen!

Katzen sind Katzen.
Sie wetzten die Tatzen
und wenn sie dich kratzen,
nimm's hin: Sind halt Katzen!

Für und wider die Katz

Manche Menschen lieben Katzen,
andre hassen sie mit übervoller Lust.
Wer sie liebt, drückt sie an seine Brust.
Die Hasser aber fürchten ihre Tatzen.

Manfred ist ein solcher Katzenhasser.
Durchstreift ´ne Katze seinen Garten,
muss sie nur Sekunden warten
auf den Strahl von eiseskaltem Wasser.

Wenn sie dann noch faucht und schreit,
ergreift den Manfred jähe Wut.
Man ahnt, was er als Nächstes tut:
Hat schon ´nen spitzen Stein bereit.

Doch der verfehlt das Katzentier,
das nun beherzt zum Sprung ansetzt
und Manfred im Gesicht verletzt.
Da hat er nun sein Katzenhasser-Souvenir.

Constanze ist von völlig andrer Art.
Sie kann kaum ohne Katzen leben,
liebt sie zu hegen und zu pflegen
und herzt sie inniglich und zart.

Zwei Katzen hatte sie für viele Jahre,
schwarz war die Frieda und die Emma grau.
Nun schnurren sie nie mehr „Miau Miau"
und Conny überlegt, wie sie hinfort verfahre.

Ein neues Katzentier muss her.
Doch was für eins, es gibt so viele,
ob ihr ein German Rex, ein Perser gar gefiele,
die Wahl der neuen Katz fällt reichlich schwer.

Auch ist noch nicht vollkommen klar,
soll es ein Kater, soll es eine Katze sein?
Doch eher weiblich und nicht rasserein,
weil FriedaEmma auch nicht adlig war.

Und dann ist da noch ein Problem:
Da ist ein allerliebster Hund im Haus.
Meist ist 'nem Hundetier die Katz ein Graus.
Ob das hier anders ist, bleibt abzusehn.

Vielleicht, und das wär wunderbar,
sucht Luna, denn so heißt die Hundedame,
zum Glücklichsein vierpfot'ge Anteilnahme.
So wären Hund und Katz ein schönes Paar.

Sie könnten dann vereint im Körbchen liegen.
Die Katze schnurrt, der Hund, der gähnt.
Die beiden kuscheln sich verliebt verschämt
und werden gottgefällig Hundekatzenkinder kriegen.

Wie solch Gemisch dann aussehn mag,
das weiß ich nicht zu sagen,.
Doch kann ich danach Conny fragen,
denn die schließt diesen kuriosen Ehvertrag.

Doch noch ist nicht das letzte Wort gesagt.
Der Familienrat hat noch zu tagen,
natürlich muss man auch noch Luna fragen,
somit wird erst einmal die Katz vertagt.

Katzenliebe

Sie schnurren und gurren,
sie biegen und schmiegen,
sie schmeicheln und kuscheln,
sie lassen sich lieben.
Und denkst du, sie blieben
dir weiter gewogen,
dann bist du betrogen.
Sie machen sich fort, sie schleichen sich weg,
in irgendein dunkles Katzenversteck.
Vielleicht kannst du morgen
sie wieder umsorgen,
wenn's der Katz danach ist
und sie Liebe vermisst.

6. Nachdenkliches

Früher ... Später

Ich gehöre nicht zu den Menschen, die der Meinung sind, früher sei alles besser gewesen. Aber dass es irgendwie anders war, das lässt sich nicht leugnen. Zum Glück, oder wie man es nimmt, zum Unglück, bin ich schon so alt, dass ich noch verschwommen sehe, was alles früher anders war. Manchmal, wenn ich mit Freunden, die natürlich meist auch schon einen Haufen Jahre auf dem Buckel haben, beisammen sitze, geraten wir ins Schwärmen: „Weiß du noch ... Mensch, da gab's doch ... und dann hatten wir ..." Aber genau genommen war das alles gar nicht so toll. Eben nur nicht so wie heute.
In meinem Text lasse ich einmal früher und später Revue passieren.

Früher

Als die Sommer noch Sommer waren,
im Winter Eisblumen an den Fenstern blühten,
Tomaten noch nach Tomaten schmeckten,
Butter aus deutschen Landen frisch auf den Tisch kam,
Fahrräder noch keine Bikes waren,
als die Mark noch zehn Groschen wert war,
und für einen Liter Benzin reichten fünf,
früher, als der Mond noch rund und romantisch war,
früher, kann ich dir sagen, das waren noch Zeiten.

Weißt du noch, damals!
Vier Pfennige für ein Brötchen,
zehn Lutschbonbons bitte, in der Tüte,
und später dann, drei Zigaretten, Stück für Stück,
Mokri, Peter Stuyvesandt und HB,

die gibt's heute noch,
aber Rauchen ist auch nicht mehr, was es mal war.
Überhaupt damals! Weiß noch wie heute,
dass die Tage länger waren,
der Winterschnee weißer
und Persil blieb Persil.
Im Sommer Niveacreme fett auf die Haut,
Ozonloch und so, kannten wir nicht.
Krankheiten zeigten wir die rote Karte.
Und Viren á la Corona blieben gefälligst in China.
Überhaupt waren wir härter, damals,
bei 15 Grad, zack zack, in den Baggersee.

Von Mord und Totschlag war gar nicht die Rede.
Deutschland gehörte den Deutschen,
ein Spritzer Maggi in jegliches Essen,
nix Basilikum und mediterranes Gewürz,
von wegen Döner und Pizza, ja doch,
Marguerita und Capriciosa war schon.
Und Tüteneis beim Italiener, ein Groschen die Kugel.
Mann, waren das Zeiten, Zeiten war'n das!
Der erste Fernseher, schwarzweiß mit Geflimmer,
aber Deutschland war Weltmeister.
Und Eckel und Rahn und Fritz Walter,
die wurden Ehrenbürger,
aber kaufen konnten sie sich davon einen Dreck.
Nichts ist mehr so, wie es war. Früher!
Klar, war auch damals nicht alles in Ordnung,
Nazis und so, Notstandsgesetze und Demos,
Polizisten waren als Bullen verschrien
und dass sie mal mit dem Schlagstock
die Nerven verloren, das war nicht okay,
aber war'n schließlich auch nur Menschen.

Politik war auch damals schon schmutzig Geschäft.
Aber die Filme war'n schöner, und die Musik.
Wenn Fred Bertelmann sang, Catharina Valente,
ganz Paris träumt von der Liebe,
sang alles mit, das war Stimmung, gibt's heute nicht mehr.

Stattdessen Computer und Hochgeschwindigkeitszüge
Geldautomaten und Globalisierung,
Handys mit UMTS und TV,
weltweite Communication,
Großraumjets und Minichips,
electronic ticketing,
Google, Yahoo und Bill Gates,
Microsoft, Apple und Windows 10,
Dax und Stoxx, Devisenkurse,
der Dollar fällt, der Euro steigt,
die Deutsche Bank entlässt,
VW kauft sich bei KIA ein
und Pharmariesen fusionieren,
die Aktienkurse steigen.
Was sitzt uns nicht heute alles im Nacken:
Ein Tiefschlag der Pisaschock,
Deutschlands Hoffnung wir immer dümmer.
Gesundheit kann man sich gar nicht mehr leisten.
Corona friert das Leben ein,
die Wirtschaft schrumpft und Pleiten blühen.
Und die Renten?
Alles wird viel zu alt. Ich schließ mich da ein.
Wär' Zeit zu sterben.
Stattdessen: sitz breitbeinig im Lehnstuhl,
Hand in Hand über die Wampe gefaltet,
zähle Fliegenbeine und male mir aus,
was früher alles nicht war.

Später

Da lässt mich meine Fantasie im Stich.
Die Autos rasen elektrisch dahin
über zehnspurige Autobahnen.
Die Navigationsgeräte, 22 Zoll groß,
steuern eigensinnig und unwiderlegbar die Ziele an.
In den Haushalten herrschen niedliche brave Roboter.
Mit liebenswürdigen Stimmen, je nach Bedarf.
Männlich, weiblich und auch sonst programmierbar.
Liebe findet statt und Hass,
Kinder bringen sich frühzeitig um
Und die Polizei hält die Unordnung in Ordnung.
Soziale Konflikte werden im Fernsehen erledigt.
Kriege sind ferngesteuert und finden statt,
da, wo es unsereinen nichts angeht.

Das alles geschieht
vielleicht so oder so ähnlich.
Doch zum Glück
Bin ich dann schon noch älter
Und verstehe die Welt sowieso nicht mehr.
Oder ich bin tot.
Und dann geht die Zeit ohne mich weiter.

Dunkelmann

Die im Frühjahr 2020 auflodernde Diskussion um Rassismus veranlasste mich, das folgende Gedicht zu schreiben. Die Zahl farbiger Menschen, die ich persönlich kenne, ist gering, einmal abgesehen von den zahlreichen Begegnungen auf meinen Reisen durch Südostasien, Lateinamerika und Afrika. In meiner Zeit als Lehrer habe ich einige junge Menschen mit Migrationshintergrund unterrichtet, doch soweit ich mich erinnere, niemals Probleme gehabt. Rassismus sollte daher eigentlich kein Thema für mich sein.

Anlass zu dem Gedicht waren TV- und Zeitungsmeldungen über den Abgeordneten des Deutschen Bundestages Karamba Diaby. Diaby wurde im Senegal geboren, ist promovierter Chemiker und Geoökologe und seit 2001 deutscher Staatsbürger. Er gehört der SPD an und war Stadtrat in Halle. Er ist mit einer Deutschen verheiratet und hat zwei Kinder. Im Januar dieses Jahres wurde sein Bürgerbüro in Halle/Saale beschossen und er erhielt Drohbriefe. Karamba Diaby sagte dazu: „Ich lasse mich nicht einschüchtern!"

Die Demonstrationen und Meldungen der letzten Tage lassen vermuten, dass der Fall Diaby kein Einzelfall ist. Vielleicht hat ja Deutschland doch ein Rassismusproblem, wobei, wie ich meine, man sehr wohl unterscheiden sollte zwischen Rassismus in den USA und Rassismus in Germany.

(10. Juni 2020)

Dunkelmann

Da, wo er geboren ist,
ist viel Licht und Schatten.
Im Licht ist Mensch ein Optimist,
jedoch im Dunkel lebt man zwischen Ratten.

Besagter Mann sieht Zukunft nur im Norden,
geht also los und überwindet Grenzen.
Um ihn herum wird viel gestorben,
er kommt ans Ziel trotz schlimmer Turbulenzen.

Dann ist er im gelobten Land
und merkt, dass keiner ihn dort braucht.
Er steht mit Rücken an der Wand,
er duckt sich weg, ist abgetaucht.

Hinfort ist er der Dunkelmann
und wer ihn sieht, schaut weg.
Weil hier den Fremden keiner achten kann,
fühlt er sich wie der letzte Dreck.

Fremdsein ist kein leichtes Los,
dunkelhäutig ist noch schlimmer.
Manchmal bekommt er einen Stoß.
Warum? Hat nicht den kleinsten Schimmer.

Er lernt allmählich Worte kennen,
und passt sich an ein neues Leben an.
Kann irgendwann sich Herr und Mister nennen
Und ist ein halbwegs angeseh'ner Mann.

Er reüssiert sogar in hoher Politik,
man kennt ihn, er ist populär.
Er stellt sich jeglicher Kritik
und spendet Teile vom Salär.

Er hat Erfolg in Stadt und Land,
auch seine Farbe wird ein wenig heller.
Manch einer reicht devot ihm seine Hand.
Bisweilen hält er sich für einen Hauptdarsteller.

So vergehen Tage, Wochen, manches Jahr.
Er weiß kaum noch, wie es begann.
Doch tief im Innern ist ihm klar,
was er auch tut, er ist der Dunkelmann.

Wird nie so, wie die andren sind.
Er müht sich, schuftet, wie er kann.
Doch dafür sind die Hellen blind.
Für sie bleibt er der Dunkelmann.

Missverständlich Unverständlich – ein Dialog

Natürlich ist der folgende Text eine Fiktion.

Immerhin aber ist so eine Situation vorstellbar. Ein distinguierter Herr, Generation Beige und weit jenseits der siebzig, der aber durchaus noch interessiert ist an allem Neuen und offen für anderen Lebensstil, trifft auf einen jungen Menschen, der wie eine Mischung von Punk und Rocker daherkommt. Schlabbrige Jeans, Irokesenhaarschnitt, auffälliges Tattoo auf dem nackten Oberarm.

Der Junge, etwa 16 Jahre alt, ist allein unterwegs. Wäre er wie sonst, mit seinen Kumpels, mit seinen Diggers auf der Rolle, würde es für den alten Herren schlecht ausgegangen sein. Wahrscheinlich hätte er Prügel bezogen. Allein ist der junge Mann aber nur halb so stark und so kommt es zu einem Dialog, der von gegenseitigem Unverstehen nur so strotzt.

Die beiden Personen kommen einander in einer Fußgängerzone entgegen. Aufgrund seines Alters hat der Herr einen leicht schwankenden Gang, was dazu führt, dass er mit dem Jungen versehentlich in Tuchfühlung gerät, was der als Rempelei auffasst. Der alte Herr setzt zu einer Entschuldigung an. Der Junge macht Anstalten, aggressiv zu werden. Danach kommt es zu folgendem Zwiegespräch. In der Realität würden die beiden selbstverständlich nicht in Reimen sprechen.

„Ich sag dir's ehrlich, junger Freund,
ich bin dir sehr gewogen."

„He, Alder, mach mich ma nich an,
was soll'n das ‚gewogen'?
Ich scheiß auf dich, eh, Mann,
hau ab, verpiss dich, sonst, eh, ungelogen,
kriegst du gleich was übergezogen".

„Hör zu, mein junger ungestümer Freund,
ich weiß, ich bin dir nicht gewachsen .... "

„Mensch, halt die Fresse, alte Sau.
Was heißt'n das ‚gewachsen'?
Wenn ich dir eine in die Schnauze hau,
hörst du die Primeln wachsen
und du vergisst die abgefuckten Faxen".

„Nun leih mir, junger Mann, doch mal dein Ohr.
Auch ich war einmal jung und wild und voller Wut.
Doch eins, sei dir gesagt, kam damals niemals vor:
Egal, was war, vorm Alter zogen wir den Hut."

„Holy Shit! Willst du mich mucken!
Was soll'n das mit ‚Ohr' und ‚leihen'?
Auf deine blöde Schnauze werd ich spucken.
Du Otto du! Gleich kannste schreien.
Und ‚Hut'? Hab ich vielleicht 'nen Hut?
Ich klatsch dich ab, dann siehste Blut."

Der alte Herr zeigt sehr viel Haltung und sich in keiner Weise
besonders beeindruckt von den Wortkaskaden des Jünglings.
Vielleicht hat er auch das meiste nicht richtig verstanden.

„Nun mach mal halblang, junger Wicht,
Ich heiß nicht Otto, bin für dich Herr Schöffel.
Zum and'ren brauch ich deinen Beifall nicht.
Und dir gehört mal ordentlich was hinter deine Löffel.
War trotzdem angenehm, mit dir zu diskutieren,
Nur schade! Mangelhaft sind die Manieren."

Damit wendet sich der alte Herr ab und lässt den Jungen einfach stehen. Der wirkt ratlos. So etwas ist ihm noch nicht passiert. Er ruft dem Alten noch etwas nach, spricht zu sich selbst und haut ab.

„He, halt, ich hab das letzte Wort!
Der alte Knacker macht sich einfach fort.
Mit solchen Säcken kann man nich vernünftig quatschen,
Am besten is, sie gleich zu klatschen.
Egal, ich habs nun mal vergeigt.
Wer clever ist, haut ab und schweigt".

Mein Handy

Ein paar vielleicht überflüssige Gedanken über mein Mobile Phone

Ich gestehe, dass auch für mich dieses kleine, handliche Gerät, das mobile Telefon, nur in Deutschland unter dem liebevoll-putzigen Begriff Handy bekannt, eine Rolle spielt. Ich schaue mehrmals täglich nach, ob neue E-Mails eingetroffen sind, kommuniziere über WhatsApp, mache Fotos, sorge dafür, dass das freundliche Gerät immer gut aufgeladen ist und verlasse das Haus nur selten, ohne es mitzunehmen. Es könnte ja sein, dass ich ein schönes Fotomotiv verpasse, dass jemand mich zu erreichen versucht oder ich in irgendeine prekäre Situation gerate und Hilfe benötige. Man weiß ja nie!

Ich glaube nicht, dass ich handysüchtig bin, und bilde mit ein, dem unverzichtbaren Lebensgefährten durchaus kritisch gegenüberzustehen. Aber, wie schon gesagt, man weiß ja nie.

Früher habe ich Briefe geschrieben. Aber wer schreibt heute noch Brief oder gar Postkarten!

Früher war ich, wenn ich im Urlaub war, nicht zu erreichen und versuchte auch nicht, die Daheimgebliebenen zu erreichen. Heute nerven wir einander mit nichtssagenden SMS und viel zu zahlreichen Fotos.

Früher hatte ich eine Kamera und höchstens zehn Filmrollen dabei. Die reichten für dreihundertsechzig Fotos oder Dias. Heute bringe ich am Ende einer Reise über tausend Bilder nach Hause und speichere sie auf der Festplatte. Dort lagern bereits 25.000 Fotos von Urlauben, Freunden, Verwandten, Festlichkeiten. Ich fürchte, meine Lebenszeit ist zu begrenzt, um all dieser Schnappschüsse noch Herr zu werden.

Im Oktober waren wir in Peru, unter anderem auch im Paracas-Nationalpark. Am frühen Morgen fuhren wir in einen Boot mit etlichen anderen Menschen zu den Ballestas-Inseln im Pazifik, auf denen sich ähnlich wie auf den Galapagos eine unglaubliche Fauna tummelt. Zahllose Seevögel, Pinguine, Robben und eine wilde Meerlandschaft faszinierten ungemein. Ich zückte mein mobiles Telefon und fing ein, was einzufangen war. Um mich herum hatten die Mitreisenden Kameras, Handys, Tabletts vor den Augen. Ich hatte auf einmal den Eindruck, dass alle, einschließlich meiner Person, ein Brett vor dem Kopf hatten. Keiner nahm mit eigenen Augen wahr, was da zu sehen war. Die kleine, handliche Maschine nahm uns das Sehen ab. Das Foto, die Momentaufnahme des gähnenden Seehunds, der Schnappschuss des die Flügel reckenden Kormorans waren wichtiger als die Realität.

Ich steckte mein Handy ins Futteral und begann, das Naturspektakel mit eigenen Augen zu bewundern. Ich konnte meinen Freunden und Verwandten keine Fotos per WhatsApp schicken. Stattdessen erzählte ich ihnen später zu Hause, wie toll das bei den Ballestas-Inseln war. Aber sie waren nicht sehr daran interessiert.

Ich liebe mein Handy, benutze es regelmäßig und möchte es nicht mehr missen. Manchmal vergesse ich sogar, dass es nur eine Maschine ist, ein Computer, der von Jahr zu Jahr ausgefeilter geworden ist. Es ist ein Alleskönner und geduldiger Helfer in allen Lebenslagen, der nie ein Widerwort gibt und der auf dem besten Weg ist, unser aller Leben in den Griff zu bekommen.

Aber was wird dann aus uns?

Mein Handy

Mein Handy weckt mich früh am Morgen,
sanft spielt es meine Lieblingslieder.
Es gibt, beruhigt es, heute keine Sorgen.
Ich gähn' beruhigt und reck die steifen Glieder.

Mein Handyschatz, mein allerliebstes Stück,
ist mir viel mehr als nur ein Telefon.
Für mich bedeutet's ungetrübtes Glück,
drei Jahre dauert unsre Liebschaft schon.

Mein Darling sagt mir, was ich essen darf,
zählt Kalorien, errechnet Nahrungswerte.
Er registriert die Anzahl meiner Schritte,
verwaltet alle meine Freunde,
zeigt mir die Likes, sortiert die Dislikes aus.
Ich weiß stets wie das Wetter wird
und wann die Sonne untergeht.
Mein Handy sagt mir zeitgenau, wo ich gewesen bin.
Und wenn ich mal etwas nicht weiß,
frag ich und kriege schnelle Antwort.
Die Einkaufsliste schreibt's für mich,
gibt Rat, wo man grad günstig kauft.
Verlaufen geht nun auch nicht mehr,
weil Google Maps zeigt mir den Weg.
Die besten Kochrezepte find ich schnell.
Und alle Nachrichten sind aktuell.
Bei schlechter Laune baut mich Musik auf
und Trost gibt es für jedes Stimmungstief.
Mein Liebling kümmert sich bei Tag und Nacht
und lässt mich nie mehr unbewacht.

Ich will nie mehr auf meinen Freund verzichten,
brauch keinen Sex und will kein Weib,
mit Handy lässt sich jeder Wunsch verrichten.
Es ist und bleibt der schönste Zeitvertreib.

Des Abends liegt mein Schatz am Bett,
passt auf und hütet mich in dunkler Nacht.
So sind wir glücklich und komplett,
bis dass der neue Tag erwacht.

Wenn ich mich dann vom Schlaf erhebe,
bekommt mein Handy einen warmen Kuss.
Sodann prüf ich, ob ich noch lebe,
mit Not und Sorgen ist für immer Schluss.

Natürlich ist mir sehr wohl klar,
dass Google alles von mir weiß,
was ich denke, plane, wo ich war.
Doch macht mich das mitnichten heiß,
weil ich ja nie was Böses tue.
Drum stört mich nichts in meiner Seelenruhe.

Bei Amazon kauf ich am liebsten ein.
Auf meinem Kindle les ich's Buch der Woche,
die neuen Videos stream ich bei YouTube rein.
Und Spotify-Musik bezieh ich, wenn ich koche.
Mit meinem Handy gibt es niemals einerlei.
Ich fühl genau: Mein Liebling macht mich frei.

Wenn böse Zungen dann erklären,
ich sei ganz ferngesteuert, ein Idiot,
so muss ich sie vom Gegenteil bekehren
und werde wütend, sehe beinah rot.
Denn meine Freiheit ist mir heilig, lieb und wert,
weiß wohl, dass Amazon und Co sie nimmermehr begehrt.

Mein Handy ist und bleibt mein liebster Schatz.
Und dies ist jetzt mein allerletzter Satz!

Der Schrei

Ein Schrei gellt einsam durch die Nacht,
verzweifelt schrill, verzweifelt schroff,
prallt gegen rußgeschwärzte Mauern,
puhlt sich in traumverlorne Hirne,
zwängt sich durch isolierverglaste Fensterritzen,
lässt Federn, bricht sich einen Zacken aus der Krone,
dreht zittrig, schwach und spindeldürr
noch zwei, drei zage Runden,
und gibt sich wimmernd dann geschlagen,
verpisst sich sang und klanglos in der Ferne.
Ich bin vom Lotterlager aufgeschreckt!
Was für ein Schrei?
Wer schrie, was schrie, warum schrie was und wer?
War's Lustgeschrei, ein Schrei des Todes,
der letzte Schrei, hilf Herr im Himmel, ein Urschrei gar?
Nach Freudenschrei klang's nicht, da bin ich sicher.
Vielleicht gab nur ein Schreihals letzte Lebenszeichen!
Egal, wie dem auch sei, mein Schlaf, der ist im Eimer:
Ich lieg verschwitzt herum, starr an die Decke
und lausch dem Nachhall jener Ruhestörung hinterher.
Vermaledeite Schreierei:
Die Kinder schreien nach der Mutter,
im dunklen Stall schreit hungrig Vieh nach Futter,
der Lehrer schreit die Kinder an,
es schreit das Volk nach Rache.
Der eine schreit wie ein gestoch'nes Schwein
und jener schreit vor Lachen.
Ganz fern hört man das Schrei'n der Möwen
und auch das Käuzchen in der Dunkelheit gibt seinen Senf
dazu.
Verdammt und zugenäht: Es ist zum Schrein.
Jetzt bin ich vollends wach, halb drei und schwarze Nacht:

In Syrien oder sonst wo fetzen Mörser Menschenleiber,
im Ganges schwemmen aufgeblähte Wänste an die Ufer,
statistisch sterben eine Menge Kinder pro Sekunde
und andrerseits, da wird gezeugt, dass sich die Balken biegen.
Corona wütet ungehemmt, Brasilien zählt die frischen Toten.
Der Papst kann ohne Schlaftabletten nicht mehr poofen,
derweil in sonnigen Verliesen gestresste Folterknechte quälen
und irgendwo und überall verrecken Menschen auf der Flucht
und und, was solls: Ich könnt' vor Lachen heulen.
Da schreit schon wieder was!
Ich halte mir die Ohren zu, verkriech mich unter das Plumeau,
schrei wer und was da will!
Was geht's mich an!
Hab ich vielleicht 'ne Schraube locker!
Nee, nicht mit mir:
Ich hau mir doch die Nacht nicht um die Ohren
bloß wegen einem doofen Schrei!
Der ganze Scheiß kann mir gestohlen bleiben,
denn ich bin klein, mein Herz ist rein,
soll niemand drin wohnen als Jesus allein.

Heiserer Hund

Wie Messerstich schnitt das Gebell mir in den Schlaf.
Ich schreckte auf: So abgrundtief die Nacht!
Mein Hund, bislang stets treu und brav,
hat mich um meine Ruh' gebracht.

Nun lieg ich wach schon stundenlang.
Ich schrei ihn an: Aus, kusch, schweig stille!
Er bellt, als folg' er einem innren Drang.
So wirksam sonst, vermag hier nichts mein Wille.

Sein Bellen ist wie harsches Kettenrasseln,
wie Blech, das sich an Eisen reibt.
Und seine röchelnd heisren Töne prasseln
mir ins Gedärm, dass kaum noch Luft zum Atmen bleibt.

Ich tret' nach ihm, ich schlage auf ihn ein.
Ich mach dich kalt, verdammtes Hundevieh!
Lässt du dein Höllenhundkonzert nicht sein,
dann gnad' dir Gott: Du siehst den Morgen nie.

Er bellt, er geifert, lechzt und stöhnt.
Was ist's, was dieses Tier so zur Verzweiflung bringt?
Was ist's, das da in seiner Hundeseele dröhnt,
so, dass in Angst und Wut er mit sich selber ringt.

Ist es ein Marder, der an Autokabeln nagt,
ein Waschbär, welcher unterm Dache uriniert?
Ist es ein Alp, der seine Träume plagt,
ein Räuber gar, der mir mein Eigen ruiniert?

Was weiß ich schon, was so ein Hundeohr vernimmt,
was für Gerüche ihm die feine Nase blähen?
Ich ahne nur, dass irgendwas nicht stimmt,
dass sich was tut. Was mag geschehen?

Mein Hund, der bellt. Und mir verrinnen Stunden.
Mein Leben fließt wie feiner Sand aus einer Uhr.
Bin alt genug und hab' noch immer nicht gefunden
den graden Weg und jene einzig richt'ge Lebensspur.

Mein Hund, der bellt. Die Kehle ist ihm heiser.
Auch diese Nacht, sie wird vergehn.
Im Osten graut ein fahler Morgen. Es wird leiser.
Der Tag bricht an: Ist Zeit um aufzustehn.

Vögelein

Wenn ich ein Vöglein war
zwitscherte ich von dannen.
Was scherte mich dann,
in den Vogelschutzgebieten
zwischen Alpen und Nordsee,
dass dreißig Prozent
der Vogelarten
in ihrem Bestand
akut gefährdet sind.

Amsel, Drossel, Fink und Star
singen die Kinder
im stummen Frühling
und selbst die Allerweltsvögel,
wie Sperling und Amsel,
wetzen die Schnäbel
an Nitrat und Nitrit,
an Schwefel und Phosphor,
strecken die Flügel von sich
und besitzen die Unverschämtheit,
stillschweigend auszusterben.
Die Vögelein im Walde
und die Spatzen auf den Dächern
pfeifen den Konsumenten
ihr letztes Lied:
Warte nur balde!
Und dann sitzen in den Käfigen
die Ornithologen
und balzen und jubilieren,
weil sie recht behalten haben.
Und die Volksvertreter

gewinnen die Wahlen
mit einem Rotkehlchen im Wimpel.
NABU und Umweltschützer erreichen
die höchsten Einschaltquoten im Öffentlich-Rechtlichen.
Und Alfred Hitchcocks Vogel
erleben unter der Rubrik Heimatfilm
die fünfzigste Wiederholung.
Wenn die unbelehrbaren Kinder dann trällern:
„Hurra, hurra, der Lenz ist da!",
nähert sich von Süden
ein Schwarm computergesteuerter
buntgefiederter Flattermänner.
Am Mischpult, tausendfach verstärkt,
spielt tiefsinnig der Toningenieur
allerlei Tirili Tirila
in die sehnsüchtigen Ohren.
Und von Frühlingsgefühlen gebeutelt
dankt die ergriffene Masse
den Sponsoren
der allseits beliebten ‚Springshow'.
Nur einige wenige Gestrige
ereifern sich und singen:
„Machen wir's den Schwalben nach".
Aber die haben einen Vogel
oder
denen hat einer ins Gehirn geschissen.

Bauchmenschen

Offensichtlich wird die Zahl derer,
die aus dem Bauch heraus leben, immer größer.
Aus dem vollen Bauch heraus, versteht sich.
Den Kopf in den Sand gesteckt,
die Hände über der Wampe gefaltet
und dann so richtig
aus der Fülle heraus nichts tun.
Sich auf den Bauch klopfen
und den Hohltönen lauschen:
Jeder Furz bläht sich zur Meinung auf,
stinkt durch die Landschaft.
So ein behäbiges Stochern im Nebel,
immer entlang der Leitplanken.
Irgendwo findet sich schon ein Loch,
durch das Bauch schlüpfen kann.
Der Kopf?!
Ach ja, dieses Ding mit den Öffnungen,
den Zufuhrschächten
für allerlei Gemach und Ungemach,
den lassen wir mal schön oben,
da wo er hingehört,
der besseren Aussicht wegen.
Aber leben, voll da sein,
so richtig Mensch sein,
lässt sich's besser aus der Körpermitte heraus
Plenus venter, sagt der Lateiner,
non studet libenter,
aber er füllt mehr leeren Raum,
geht in die Breite und Tiefe
macht was her,
ist kein Strich in der Landschaft,

wie so ein Egghead,
der mit spitzem Finger
in jeder Wunde herumpuhlt.
Wem der Bauch voll ist,
dem geht das Herz über.
Der Mensch ist schließlich kein Kopffüßler.
Oder?

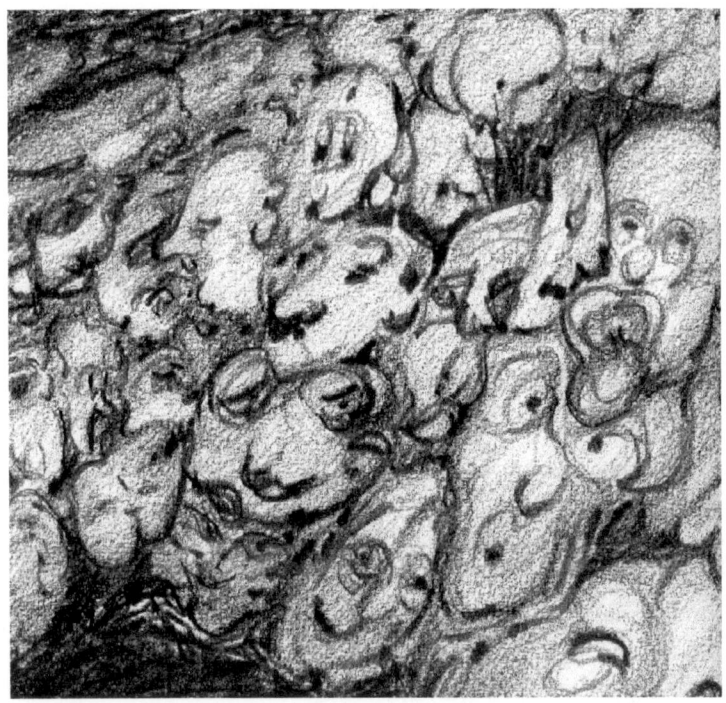

Das Stempelwurm

Es dreht sich mir im Kopf herum,
das Stempelwurm, es treibt mich um,
find weder Rat, noch Rast noch Ruh,
so arg setzt das Gewürm mir zu.

Ist es ein Mensch, ein Tier, ein Gauch,
lebt's unter, auf, wozu, daneben
und hat es Zehen, Nabel, Haare, Bauch?
All das zu wissen, würd' ich was drum geben.

Seit Tagen wälze ich den Duden,
und surf im Internet, kreuz quer rauf runter.
Auf Floh- und andren Märkten stöber ich in Buden.
Ich finde viel: Doch Stempelwurm ist nicht darunter.

Wer mir den Wurm ins Hirn gesetzt,
dem soll derselbige im Halse stecken bleiben.
Mir ist der Kopf vollends von jenem Dings besetzt.
Find ich es nicht, werd' ich mich wohl entleiben.

Da plötzlich klingelt's an der Tür.
Mein Hund, der bellt. Ich raff mich auf.
Mir schwant etwas, ich ahn' und spür,
des Rätsels Lösung nimmt jetzt seinen Lauf.

In offner Tür steht vor mir nun ein Ding:
Da, wo beim Mensch normal ein Kopf,
da ist ein Knauf, von Umfang nicht gering
und hinten dran hängt schwarz ein Zopf.

Das Unding hält sich auf drei Beinen,
dazwischen wölbt sich etwas wie ein Fass,
fünf Arme baumeln dran an langen Leinen.
Vor Schreck bin ich ganz leichenblass.

Mein Hund bellt sich die Kehle wund,
ich raff mich auf und frag nach dem Begehr.
Ganz obenauf, im Knauf, da öffnet sich ein Schlund
und Worte falle raus, bedeutungsschwer.

„Ich bin", so flüstert's dunkel und zugleich verlegen,
„der Prototyp von Stempelwurm aus Serie eins
und komme einer Volksbefragung wegen
vom Demoskopeninstitut der Uni Mainz.

Man plant, das Land mit Stempelwürmern zu versorgen,
die alles scannen und es amtlich registrieren,
damit Regierungskreisen gar nichts bleib verborgen
und jedermann sei leicht zu eruieren.

Solch ein System sei einfach vorteilhaft
für jedermann, wofern er unbescholten.
Wer aber Unrecht tut, sich fremdes Gut verschafft,
dem wird dasselbe gleich vergolten.

Nun möchten die Regierungskreise wissen,
ob unsereins den Menschen Furcht einflösse.
An höchsten Stellen ist man sehr beflissen,
Zu schaffen ein Modell in bürgernaher Größe.

Auch Stimmmodul und Kolorierung
Sind noch in Arbeit und in Diskussion.
Und auch bei Energie und Steuerung
Steht noch der Alpha-Typ zur Disposition.

Ich bin, so wie ich bin, Typ Alpha One.
Und wenn Sie mit mir einverstanden sind,
und wenn mein Outfit Sie nicht stört, dann
bitt' ich Sie, zu drücken ‚Enter' gleich geschwind."

Dabei reckt mir das Wurm sein Hinterteil entgegen,
auf welchem eine Taste mit ′nem Pfeil.
Ich denke mir „Na, meinetwegen",
tipp auf die Taste brav und ohne Eil'.

Darauf tut's einen lauten Knall.
Der Platz vor meiner Tür ist leer.
Es riecht ganz seltsam schweflig nach Metall.
Ich fühl mich matt, mein Kopf ist schwer.

Mein Hund hat sich vor Angst verkrochen,
wie er's sonst nur bei Katzen tut.
Er hat den Teufelsbraten gleich gerochen.
Ich blaff ihn an und schließ die Türe resolut.

Zwar ist der Mut mit vollends nun gesunken.
Doch bin ich klüger als zuvor:
Das Wesen hat nach Teufelskram gestunken.
Vor Stempelwurm verschließet Ohr und Tor.

Kommt je ein Stempelwurm euch vors Gesicht,
negiert sofort des Wesens Existenz.
Denn: Stempelwürmer gibt es nicht!
Glaubt keiner noch so klugen Eloquenz.

Das Stempelwurm ist abgrundtiefer Stinkekram.
Von solcherlei Gewürm fehlt jeglicher Beweis.
Das Ganze ist, ich sag's, wie's ist, infam
und bloßes Hirngespinst vom Kassler Dichtergreis.

Ballade von Otto Oldesloh

Den die vier Elemente auf dem Gewissen haben.

Dies ist die traurige Ballade vom erdverbundenen Otto Oldes-
loh, der sich mit den vier Elementen einließ und ein schlimmes
Ende nahm.
Allen Lesern und Zuhörern dieser Ballade sei zur Warnung und
zur Lehre gesagt:

Blind den Elementen zu vertrauen,
kann manchen Lebensweg versauen!

So hört denn die tragische Geschicht'.
vom guten Menschen Otto Oldesloh.
Ihm zu Ehren schrieb ich dies Gedicht,
weil er dem selbst gewählten Schicksal nicht entfloh.
Euch sei's zur Mahnung vorgetragen,
zur Lehre und zum Weitersagen.

Otto war ein Mann von Welt,
kraftvoll und in den schönsten Jahren,
kerngesund und bestens eingestellt,
beliebt, erfolgreich, lebensfroh, erfahren.
Kurz: Oldesloh stand fest im Leben,
da gab's kein Zittern und kein Beben.

Als Landschaftsplaner ging's ihm gut,
er legte Gärten an und Rasenflächen,
zollte dem Umweltschutz Tribut,
vergnügte sich in Wäldern und an Bächen
und mit den Händen Erde anzufassen,
gefiel ihm über alle Maßen.

„Willst deinen Garten du gestalten, lass Otto Oldesloh drin walten!"

Mit diesem Werbespruch, der in grünen Lettern an seinem geländegängigen Pick-up prangte, war Oldesloh ein Begriff. Wenn es darum ging, Hügellandschaften zu entwerfen, Obstbäume zu pflanzen, Steingärten zu kreieren, Teiche und Miniwasserfälle anzulegen, war Otto Oldesloh der richtige Mann. Mit Minibagger und Spaten rückte Otto an, grub sich durch Lehm- und Erdschichten und wenn ihm die Krume so richtig sämig zwischen den Fingern hindurch glitt, war er glücklich und fühlte sich in seinem Element.

Erde zwischen Fingern spüren,
Regenwürmer anzufassen
und im feuchten Dreck zu rühren,
davon konnt' er nimmer lassen.
Oldesloh stets erdverbunden,
hat den Beruf als Glück empfunden.

Vielleicht war es gerade diese Erdenschwere, die feuchte, klebrige Kühle des Mutterbodens, die die Schritte und das Denken schwerfällig und zäh machten, die Otto Oldesloh das Gefühl gaben, es müsse noch etwas anderes geben. Oldesloh strebte nach Höherem, suchte als Ausgleich das Leichte, Schwerelose, Heiße und Verzehrende, und fand es im Feuer.

Zwei Seelen lebten, ach, in seiner Brust:
Teils erdennah, teils flammensüchtig,
stand ihm nach Feuersbrunst die Lust.
Rauchgeschwängert, atemflüchtig!
Wenn es brannte, war er froh:
Als Feuerwehrmann Oldesloh.

Die freiwillige Feuerwehr wurde ihm zur zweiten Heimat. Nach getaner Erdarbeit floh der Junggeselle an den Abenden aus der Enge der Zweizimmerwohnung ins Vereinsheim und leerte dort im Kreise feucht-fröhlicher Gleichgesinnter ein Bierchen nach dem anderen. In geselliger Runde stieß man an, in der Erinnerung an all die schönen Brände, die man gemeinsam gelöscht hatte. Und wenn es dann endlich wieder brannte, warf Oldesloh sich in die Montur, erklomm das rote Auto, raste unter Tatütata zum Brandherd und „Wasser marsch!" ging es ins Feuergefecht.

Wenn die Flammen hellauf brannten,
schlug sein Herz bis an den Hals,
und wenn sie ins Inferno rannten,
dann stieg sein Blutdruck ebenfalls.
Kaum etwas Schöneres auf Erden,
als des Feuers Herr zu werden!

Mal brannt' es hier, mal lodert's dort,
der Oldesloh war voll dabei,
sein Handy hat er stets am Ort,
bei ‚feurio' war Erdarbeit ihm einerlei.
Das Wasser spritzt, es qualmt und glimmt,
wenn Otto löschbegierig Anlauf nimmt.

Manchmal begegnet er den Flammen auch mit Schaum,
deckt alles zu mit weißen Massen.
Doch letzten Endes freut ihn dieses kaum,
weil Wasserstrahlen ihm viel besser passen.
Mit prallem Schlauch ins Zentrum zielen,
ist gleichsam wie mit Feuer spielen.

Wenn die Flammen hellauf loderten und er inmitten von Rauch, Geschrei, Hitzeschwaden, glühendem Gemäuer und berstenden Balken dem Brand mit all seiner wasserspeienden Manneskraft zu Leibe ging, fühlte er sich in der Mitte des Lebens.

Die Erde glüht, das Feuer brüllt,
von Wasserschwaden ganz umhüllt.
Im Einklang dreier Elemente
Fehlt nur noch Luft als vierte Komponente.

Er weiß nicht wie, weiß nicht wieso,
Seit Wochen schon brannt' es nur selten.
Und Otto wurde nicht von Herzen froh,
war schlecht gelaunt, man hört' ihn schelten:
„Wann denn, verdammt noch mal, gibt's endlich Feuer?
Wenn schon kein Hausbrand, wenigstens 'ne Scheuer!"

Selbst ist der Mann und der weiß was zu tun:
Papier und Stroh, ein Blechkanister voll mit Sprit,
ein dunkler Umhang, eine Mütze aus Kattun,
zur Sicherheit ein Stänglein Dynamit.
So schlich sich Oldesloh in dunkler Nacht
zum Tatort seiner Wahl, und Zweifel sind nicht angebracht.

Otto Oldesloh war ein guter Mensch. Seine Arbeit war sein Ein und Alles und sein Hobby, das Feuerlöschen, hatte ihm bei Freunden und Nachbarn den Ruf eines tatkräftigen, unerschrockenen und mutigen Mannes eingebracht. Wo Otto war, herrschte Sicherheit und ringsumher wusste jeder Mann und jede Frau: „Hast du Kummer, hast du Sorgen, ruf Otto heute, nicht erst morgen!"

Doch selbst der beste Mensch hat seine dunklen Seiten und
Ottos schwarze Seelenseite lechzte nun mal nach Feuersbrüns-
ten.

Und brennt es nicht aus unbekannten Gründen,
musst du halt selbst ein Feuer zünden.

Es bläst zur Nacht ein kalter Hauch,
als Oldesloh geduckt zur Pforte schleicht.
Und bald schon kräuselt leichter Rauch:
Der Feuerteufel hat sein Ziel erreicht.
Minuten später schlagen Flammen aus dem Dach.
Sirene heult und macht die Menschen wach.

Man sagte, dass Oldesloh selbst es war, der die Feuerglocke
schlug.
Mag sein, dass er ganz schnell vergaß,
wie's kam, dass da die Lohe fraß.

Er eilte schnell zur Feuerwache hin,
schon rückt' die Mannschaft löschbegierig aus
und Otto weiß genau wohin.
Oh Graus: So lichterloh brennt dieses Haus.
Die Menschen drin, sie schreien um die Wette:
Zu Hilfe! Helft, dass man sie rette.

Der brave Oldesloh stürzt' sich voll Mannesmut
ins glühende heiße, flammende Gemäuer.
Missachtet' Rauch, Gedonner, rote Glut,
warf sich auf seinen Feind, das Feuer.
Nur selten sah man solchen heldenhaften Recken.
Nichts konnte Otto im Inferno schrecken.

Drei Menschen trug er durch die Flammen raus,
half zweien durch das Fenster aus der Feuerhölle,
bevor zusammenbrach das morsche Haus
und nichts mehr war als Qualm und glühendes Gerölle.
Wie eine Statue stand Oldesloh im grellen Licht.
Solch einen Helden, den vergisst man nicht.

Der erdenhafte Otto Oldesloh,
der mit den Regenwürmern Zwiegespräche führte,
den Flammenherde machten herzensfroh
und den das Wasser glückhaft rührte,
genau der Otto rang mit letzter Kraft um Luft
und ist letztendlich heldenhaft verpufft.

Als man zwei Tage später die Leiche fand, sah Otto Oldesloh
nicht sehr schön aus. Zwischen verkohlten Balken, verbogenen
Eisenträgern und viel rabenschwarzem Staub lagen die ver-
schrumpelten Reste seines zu Lebzeiten so ansehnlichen Kör-
pers. Mit sehr gutem Willen ließ sich so etwas wie ein zufrie-
denes Lächeln auf den Hautresten interpretieren, die den blei-
chen Schädel bedeckten.

Ihr müsst mit ihm nicht Mitleid haben.
Er war's, der dem Geschick die Hände führte.
Dafür wird ihm nun kaltes Grab gegraben,
Denn er bekam, was ihm gebührte.
Er starb, weil er dem Feuer so verfallen war,
ein seltsam erdenschweres Menschenexemplar.

Bei Regenwetter trug man Oldesloh zu Grabe.
Schier endlos war der Trauerzug.
Und tränenschwer gedachte die Gemeinde Ottos Gabe,
die stets der Erde und dem Feuer Rechnung trug.

Auf seinem Grabstein steht geschrieben,
dass ihm die Luft beim Heldentum ganz einfach weggeblieben.

Drum lasst euch das zur Lehre sein:
Wer sich den Elementen allzu sehr vertraut,
und sich auf Erde, Feuer, Wasser, Luft lässt ein,
dem wird sehr leicht das Sein versaut.
Drum sich'rer lebt es sich im Vakuum,
Darin kommt man nur selten um.

Und die Moral von der Geschicht:
Ob Erde, Feuer, Wasser, Licht: Trau nie den Elementen nicht!

7. Sommergedichte

Balaton-Camping zu Coronazeiten

Wir bleiben zu Hause. Habe ich gesagt, vor drei Wochen. Doch was kümmert mich mein Geschwätz von gestern. Wir fahren nach Ungarn, an den Balaton. Alle Deutschen machen Urlaub in Deutschland. Wir nicht. Alle Ungarn machen Urlaub in Ungarn. Wir auch, und noch ein paar Deutsche und Holländer. Aber hauptsächlich sind die Ungarn unter sich und der Campingplatz am See ist gut gefüllt. Wir mittendrin zwischen Zelten, Caravans und Wohnmobilen. (Juli 2020)

Da sitz ich nun bauchfrei in Badehose
Recht unbequem auf Campinggestühl,
´ne Tüte Chips, ein Bierchen aus der Dose,
schon sonn ich mich im Urlaubergefühl.
Vor praller Hitze schützt mich die Markise,
für feuchte Kühle sorgt die nasse Wiese.

Wir hausen fein in einem Wohnmobil,
nichts fehlt uns zum bequemen Leben.
Wir leben gut und haben Stil.
Es könnte kaum was Bessres geben,
wenn da nur nicht die Camper wären.
Ich hätte nichts, mich zu beschweren.

Links, rechts, davor und auch daneben,
hat man sich Zelte aufgebaut.
Von früh bis spät herrscht darin Leben.
Sehr intensiv und auch recht laut.
Das Volk, das isst und trinkt und lacht,
von morgens früh bis in die Nacht.

Die Campingkinder sausen ohne Unterlass
auf ihren bunten Rädern hin und her.
Sie haben dabei einen Heidenspaß,
doch stör'n sie unsre Urlaubsruhe sehr.
Ich weiß, solch Urteil steht mir gar nicht zu,
doch ohne Ungarn wär' hier himmlisch Ruh.

Wenn ich mich ganz nah oben strecke,
seh ich ein Stück vom ungarischen Meer.
Ganz fern in einer schilfbewachsnen Ecke
gleitet ein Segelboot still vor sich her.
Lindgrün und algig glänzt der Wasserspiegel,
geheimnisvoll wie ein verborgnes Siegel.

Ich schwimme gern in dieser trüben Brühe,
in der die Wasserpflanzen streifen meinen Bauch.
Besonders schön schwimmt sich's in kühler Frühe,
wenn Campingvolk noch schlummert und kein Hauch
den unberührten Wasserspiegel trübt,
und hier und da man sich im Aufstehn übt.

Die Sonne scheint, der Tag ist himmlisch blau.
Nur ein paar Wölkchen tummeln sich am Firmament.
Und überall herrscht Freud, wohin ich schau,
als ob hier keiner Covid-19 kennt.
Das Virus ist nicht hier, vorbei, in weiter Ferne.
Hier bin ich Mensch, hier bin ich's gerne.

Ich lass die Stunden stillvergnügt verstreichen,
ich les ein Buch und schreibe dies Gedicht.
Ich bin zufrieden, wenn sich Tage gleichen.
Die böse Welt erreicht mich nicht.
So leb' ich still in meiner Sammerfrischenblase,
mein Blick geht grade mal zur Spitze meine Nase.

Gereimtes aus Tiszakecske

Tiszakecske an der Theiß
Kleine Stadt im Ungarland,
ist im Sommer oft sehr heiss
und hat einen schönen Strand.

Baden kann man auch im Fluss,
doch im Schwimmbad ist es besser,
weil man drin nicht achten muss
auf die Strömung im Gewässer.

Wir fühlen uns hier wie zur Kur
und liegen faul im Thermalbade.
Bei körperwarmer Tempratur
ist es fast schöner als am Meergestade.

Das Wohnmobil steht brav im Schatten,
ist unser kühles Rückzugsdomizil.
Am Abend kommt uns sehr zustatten:
Das nahe Vendéglö ist unser Ziel.

Dort kann man gut und deftig speisen,
Gulaschsuppe, Pörkölt, frischen Fisch.
Und bei den wirklich moderaten Preisen
kommt auch ein guter Wein auf unsren Tisch.

Ein Palinka beschließt die vollen Tage.
Man bettet sich zufrieden, heiter, satt,
schläft ein mit dieser bangen Frage,
ob Tiszakecske noch viel so runde Tage hat?

Holt Tisza, tote Theiß

Einst floss die Theiß in ungehemmten Bögen
und überschwemmte weites Land.
Dann grenzte man den Flusslauf ein
und so entstand die tote Theiß.
Ein stilles Wasser voller Zauber,
mit weiten Blicken über grüne Auen.
In dunklen Teichen gründeln Karpfen,
die Angler halten lange Ruten wasserwärts
und schmunzeln, wenn ein Hecht den Haken beißt.
Da, wo der Wanderweg zu Ende geht,
wächst meterhoch das grüne Schilf,
Versteck für Wasservögel aller Art.
Der Schwarzstorch sucht nach jungen Fröschen,
ein Silberreiher steht auf spindeldürrem Bein,
reglos, bis ihm ein Fisch als Beute taugt.
Und durch den Schilfwald streicht ein leichter Wind.
Wir sind mit Rädern unterwegs
und machen Halt, wo sich ein Foto lohnt.
Spitz sticht der ferne Kirchturm in den blauen Himmel,
die kleine Stadt döst in den sommerheißen Tag.
Ist an der Zeit, jetzt einzukehren,
wo's gutes Essen gibt und einen kühl gespritzten Wein.
Die Sonne strahlt hoch im Zenit.
Holt Tisza hält nun Mittagsschlaf.

Riesenrutsche

Ab und zu ertönen schrille Schreie.
Angstlust und Horror bilden ein Gespann.
Ein jeder ist mal an der Reihe
Und rast hinab so schnell er rutschen kann.
Der Gummireifen schießt aus einem Rohr,
senkrecht hinab und dann sogleich empor.

Allein vom Zuschaun krieg ich Gänsehaut,
wenn ich den Höllenritt von weitem sehe.
Bewundernd staun ich, wer sich alles traut,
furchtlos, ob man den freien Fall auch überstehe.
Die Kerle brüllen meist aus voller Kehle,
indes das Weibsvolk quietscht von ganzer Seele.

Zehn Meter hoch ist das Gestell.
Erst geht es langsam in das dunkle Rohr,
doch dann auf einmal rasend schnell,
kommt's einem fast wie Fliegen vor.
Und auf der andren Seite dann,
geht's leicht gebremst noch mal bergan.

Das Rutschenmonster ist die Attraktion.
Von zehn Uhr an will's jeder mal probieren,
Die Ampel grün. Los geht die Talfahrt schon.
Klatschnass umspült auf allen vieren.
Mann, war das geil, phänomenal,
Wir stell'n uns an und machen's gleich nochmal.

Thermal doch mal in Ungarn

In Ungarn gibt es Paprika und andre scharfe Sachen,
die Mädchen heißen Piroschka und Ilona und Marika,
sind dick und dünn, Naivchen, Lesbe, auch Hausdrachen.
Sind so wie allerorten, von jedem Typ ist etwas da.
Und bei dem Mannsvolke ist es ähnlich,
von schlank bis fett, sportiv, agil und oftmals unansehnlich.

Ungarn ist auch EU, im Osten an Europas Rand,
mein Weib, die Ildiko wurd' hier geboren.
Doch nicht nur deshalb reis' ich gern in dieses Land.
In diesem Jahr hab ich's zum Sommerziel erkoren.
Ich bin zwar Stier, doch auch ein Wassermann:
Bin gerne dort, wo ich auch schwimmen kann.

Wenn man durch Ungarn fährt von West nach Ost,
Passiert man überall ein Schild, darauf steht ‚Strand',
ein Wellenzeichen lädt zum Baden ein.
Wo gibt es denn ein Meer im Magyarenland?
Des Rätsels Lösung ist sehr schnell gefunden:
‚Strand' heißt nur Schwimmbad, Pool ganz unumwunden.

Doch ist's nicht nur banal ein Wasserbecken,
nein, was dort lädt zum Baden oder Schwimmen ein,
ist ein Bassin, bequem, sich darin auszustrecken.
Und körperwarm muss dieses Nass für jeden Ungarn sein.
Bei weniger als fünfunddreißig Celsiusgrade,
glaub nicht, dass je ein Ungarmensch drin bade.

Oft ist solch Becken ölig-grün und stinkt nach Schwefel,
doch ist der Heil- und Wohlfühlfaktor ganz enorm,
darob die Nase rümpfen, wäre Frevel,

weil es ist so gesund und hält den Knochenbau in Form.
Besonders, wenn man alt ist und verbraucht,
tut's gut, wenn man beherzt in diese trübe Brühe taucht.

Da, wo sich einstens Magyaren niederließen,
das platte Land zu ihrem Heimatland erklärten,
da fand man heißes Wasser aus der Erde fließen.
Man nahm es hin; es ließ sich gut verwerten.
Die Tragikomik nimmt auch heutzutag kein Ende:
Man suchte Öl, erschloss stattdessen neue Badestrände.

So gibt es nun in jedem Kaff, in jedem Ort
ein Heilbad mit bisweilen vielen Becken,
und Wellness ist das vielbeschworne Zauberwort.
Preiswert kann Mensch hier alle viere von sich strecken.
Man muss sich nur ins warme ‚Medence' begeben
und schon beginnt ein bessres und gesündres Leben.

Da das so ist, steht zu vermuten,
dass alle Ungarn kerngesund, wenn nicht unsterblich sind.
Wer täglich Zeit verbringt in heilbewährten Fluten,
ist sicher, dass er Lebenszeit gewinnt.
Thermalgewässert ist so jeder Magyar
vor Krankheit sicher bis ins späte Lebensjahr.

So sollt' man meinen, doch mitnichten:
Wohin ich schau, da seh ich dicke, krumme Leute,
die ungern wohl auf Speis und Trank verzichten,
stattdessen schlemmen, allüberall und hier und heute.
Man raucht und frisst, dass sich die Balken biegen,
kann danach ja ein Stündchen in der warmen Brühe liegen.

Doch hör ich auf, die Leute hier zu schmähen,
weil ich ja selber so ein warmgespültes Weichei bin,
kann körperwarmem Mineralgebräu nicht widerstehen
und geb mich stundenlang dem Heilvergnügen hin.
Erst wenn die Haut so richtig schrumplig ist,
lass ich's genug sein, bin ja schließlich Realist.

Neulich lag ich verträumt in einem solchen Becken,
als neben mir so eine Superfrau sich niederließ.
Sofort begann ich Brust und Bauch zu strecken,
was allerdings bei jenem Weib auf keinerlei Beachtung stieß.
Ich mühte mich, an ihr vorbeizublicken,
Und was tat sie, sie zeigte mir den wohlgeformten Rücken.

Trotzdem war nach dem Bad ich wieder jugendfrisch,
so sauber, durch und durch gewärmt, ein Mustermann,
ein Hecht im Karpfenteich, ein ungestümer Fisch,
dem Alter und Verschleiß nichts antun kann.
Damit ist wieder einmal der Beweis erbracht:
Thermal in Ungarn und dein Herz, das lacht.

8. Kindergedichte (Für Lotta)

„Bitte, lieber Opa, schreib doch mal ein Gedicht für Kinder".
Wie könnte ich mich einem solchen Wunsch verweigern?
Schon gar nicht, da es mir nicht allzu schwerfällt, passende
Reimwörter zu finden und einer Idee den rechten Schliff zu
geben. Bei den Themen hat Lotta mir herzhaft auf die Sprünge
geholfen.

Liebe Gäste

Wespen können lästig sein,
lieben Wurst und Fleisch und Pflaumenkuchen.
Oma fängt gleich an zu schrein,
wenn die Viecher sie besuchen.
Sie wedelt wild und fuchtelt rum,
die Wespen danken's mit Gebrumm.

Ganz anders geht's Carlotta an.
Für sie sind Wespen liebe Tiere.
Sie haben Namen: Otto, Liese, Lilipusch.
Und Lotta sagt nur einfach „husch, husch, husch".
Die Wespen fliegen schnell zum nächsten Kuchen.
„Soll'n wir dich, Lotta, noch einmal besuchen?"

„Na klar", sagt Lotta, „ihr seid liebe Gäste.
An unsrem Tisch halt ich ein Plätzchen frei.
Von unsrem Essen kriegt ihr alle Reste
und stört euch nicht an Großmamas Geschrei.
Sie wird noch lernen mit euch umzugeh'n.
Sie ist halt alt: Das müsst ihr doch versteh'n."

Frosch im Schilf

Ganz tief versteckt in Schilf und Rohr
hockt Froggyfrog, der ururalte Mückenschreck.
Nur noch der Kopf guckt aus dem Wasser vor,
doch wenn sich was bewegt, ist er schon weg.
Er ist der Boss des Fröschevolks im Teich.
Wenn ihn wer stört, quakt er „haut alle ab" sogleich.

Gleich morgens früh hat Lotta sich herangeschlichen.
Hält Ausschau, wo der Froschverein behaglich ruht.
Sie ist auch nicht zur Seit gewichen,
als Froggyfrog laut quakend sich beklagen tut:
„Mach, kleine Lottamaus dich weg von hier,
der trübe Teich hier, der ist mein Revier.

Doch wenn du weiter willst hier warten,
dann will ich dir die Wahrheit sagen:
Der Tümpel ist in echt ein Zaubergarten,
musst nur beherzt ein Küsschen wagen.
Ein Schmatz auf meine grünen feuchten Ohren
und schon ist dir ein Königssohn geboren.

Wir leben hoppeglücklich hier im Teich
und lieben uns wie Turteltauben.
Schilf, Rohr und Schlamm sind unser Königreich,
zum Essen gibt es Torfragout und Blubbertrauben.
Komm Lotterlotte, gib mir endlich einen Kuss,
weil sonst vor Kummer ich fast sterben muss".

Spatzen füttern

„Guck mal dort, der wilde Spatzenhaufen,
wie die Kerle gierig lüstern gucken,
wie ihnen Spuckefäden aus den Schnäbeln laufen
und sie sich zapplig im Gefieder jucken.
Auf unser leckres Frühstück sind sie aus
und lauern auf den Restekrumenschmaus.

Ach Opa", sagt die Lotte, „lass sie nur,
wir haben doch genug zu essen.
Den Spatzen ist nun mal ihre Natur,
dass sie am liebsten unsre Reste fressen."
Und Lotta krümelt Brötchenteig und Krumen,
wirft sie im hohen Bogen weg zu Gras und Blumen.

Die Spatzenschar stürzt sich mit viel Gezeter
auf diese frisch gesäte Lottaspeise
und hat bereits Sekunden später
alles verzehrt auf undankbare Spatzenweise.
Ich hätte schon ein Dankeschön erhofft.
Doch werde ich enttäuscht, wie schon so oft.

Die Lotta aber ist von Herzen froh.
Sie hat von sich was abgegeben.
Die Spatzen flattern aufwärts lichterloh,
genießen satt und frisch und frei ihr Lotterleben.
Wer nicht sein Frühstück mit den Spatzen teilt,
verdient es nicht, dass er am Lottas Seite weilt.

Lotta jauchzt

„Komm Opa, fahr doch mit mir Achterbahn!"
Oh nein, jetzt hab ich den Salat.
Das Ding ist hoch wie'n Riesenkran.
Nie, nie besteig ich so'nen Apparat.
„Opaaa! Du hast mir doch versprochen
und was gesagt, wird nicht gebrochen."

Wohl wahr! „Wir fahren auf den Rummelplatz
und du fährst dort auch Karussell."
So in der Tat! So hieß mein Satz.
Jedoch meint' ich ein Fahrgeschäft, ganz traditionell.
Ein Autoscooter, Kutschendreher, Hoppereiterpferd,
doch nichts, was senkrecht abwärts fährt.

Ich schau mir dieses Höllenfahrzeug an.
Vom Himmel hoch stürzt sich da eine Kutsche
mit Menschen drin, Frau, Kind und Mann
und alle schrein, als ob man sie in Jenseits putsche.
In so ein Abgrundmonster steig ich nie!
Ok ok! Zwei Tickets und für mein Leben keine Garantie.

Gut zwei Minuten dauert nur der Höllenritt.
Ich schließ die Augen und die Ohren,
indes die Lotta jauchzt mit jeder Kurve mit
und ich, ich fühle mich verloren.
Die Jagd, sie endet, schrecklich und obszön.
Doch Lotta jauchzt: „Noch mal! Das war so wunderschön!"

Versprich niemals, was du nicht kannst in deinen späten Jahren.
Sonst geht es dir wie mir: Musst Achterbahn dann fahren.

Die Fliege

Mal summt sie hier, mal summt sie dort,
und ist im Nu schon wieder fort.
Ein wenig Saft saugt sie in Eile auf dem Tisch
und in der Küche findet sie gebrat'nen Fisch.

Ob Lottas Backe, Michels Ohr:
Das kühne Tier hat keine Angst davor
Bis Lotta packt die wilde, nackte Wut
und blitzesschnell 'nen Schlag sie tut.

Der ging daneben und die Fliege lacht.
Doch schon der nächste Hieb hernieder kracht.
Und dann noch einer, zwei, vorbei.
Vor Wut ist Lotta alles einerlei.

Sie haut voll Zorn auf Glas und Vase
und trifft den Michel auf die Nase.
Der hält das Nasenbein, heult Rotz und Wasser,
der Fliege wird um ihren Rüssel blasser.

Verängstigt blickt zur Lampe nun das Tier,
doch keine Rettung gibt's vor Lotta hier.
Der Hieb war kräftig durchgezogen,
die Lampe fliegt in hohem Bogen,

trifft dann im Fluge Vaters Knie
und der schreit auf: „Verfluchtes Vieh!"
Die Mutter ist ganz blass vor Schreck,
die Fliege aber: Die ist weg.

Verzweifelt sucht nun Vater, Mutter, Kind,
ob jemand denn die Fliege find't.
Vergeblich Müh, das Tier ist fort,
sucht sich 'nen gastlicheren Ort.

Geblieben ist ein Scherbenhaufen.
'Ne neue Lampe muss man kaufen,
rot Vaters Knie und Michels Nase,
ein tiefer Sprung ist in der schönen Vase.

Doch eine Fliege kommt ja nicht allein:
Wo eine ist, woll'n viele sein.
So braucht die Lotte nicht zu ruh'n,
kann manche Fliegenschlacht noch tun.

Lottas Hund

(Für Carlotta zu ihrem 12. Geburtstag!)

Wie hast du das nur ausgehalten?
Ganz ohne Hund elf lange Jahre.
Da kriegt manch einer Sorgenfalten.
Und wenn er alt ist, graue Haare.

Nicht so die Lotta, unsre Enkelin,
die bleibt geduldig, hält fein still:
„Ich warte. Bis ich zwölfe bin,
weil ich auch noch ein Handy will."

Nun kriegt sie beides: Hund und Phone.
Der Hund ist zwar kein echter Beller,
das Phone jedoch ist echt: Kein Klone
und macht das Leben ab sofort viel heller.

Das Telefon hält dich auf Trab,
der Husky wärmt dir deinen Bauch
und hast du mal so alles satt,
dann kuschel dich in seinen lieben Hauch.

Jetzt geb ich mal dem Wauwau selbst das Wort:
„Du, Lotta, ich hätt gern ‚nen richtgen Namen.
Vielleicht Karl-Friedrich, Wuppi oder Lord.
Musst nur mal kurz in deinem Kopf rumkramen,

dann fällt dir schon ein guter Name ein.
Ich tät vor Freude ganz laut jaulen,
versprech dir, will auch immer artig sein
und lass mich nur von dir alleine kraulen.

Bin zwar nur Wolle, Garn und Plüsch,
doch dafür bin ich leicht zu pflegen,
mach keine Haufen ins Gebüsch
und Hundefutter braucht's nicht meinetwegen.

Nur mal ein Küsschen auf die trockne Nase
und streichel mich und hab mich gern.
Dann bin ich zahm wie'n Osterhase
und bleib dir treu in Nah und fern.

Jetzt kriech ich schnell in meine Ecke,
weil jetzt bist du Geburtstagskind!
Zieh mich zurück wie eine Schnecke
und wünsch, dass gut dein neues Jahr beginnt.

9. Ein Jahr wird verabschiedet

2020 liegt in letzten Zügen.
Sang- und klanglos geht's zu Ende.
Und ich müsste wahrlich lügen,
wenn ich Gutes an ihm fände.

War ein Jahr voll Kummer, voller Not,
Ungeahntes ging vonstatten,
Krankheit gab es, Leid und Tod,
Aufruhr, Streit und viel Debatten.

Ein Virus überzog die Welt,
ob arm ob reich, war ihm egal.
Nichts gibt es, das ihn fasst und hält.
Es scheint unschlagbar, tödlich, radikal.

Wuhan in China wurde weltbekannt
und in der Lombardei war erstmals von Triage die Rede.
Von Hotspots Ischgl, Heinsberg, Tönnies Fleischfabrik
zog Covid 19 fort auf seinem Siegeszug.
Die Zahl der Toten stieg und stieg.
In den Favelas starben Arme,
denn nur den Reichen war Distanz vergönnt.
Wie sollen Menschen in Kalkutta, Mumbai Abstand halten!
Slums in Chicago, Ghettos in New York:
Corona zeigt sich als soziale Bombe:
Wer arm ist, der muss schneller sterben.
Und Sterben ist kein Spaß, wenn Lungen ihren Geist aufgeben.
Geräte zum Beatmen sind der Renner
und Plexiglas, Trennscheiben, Masken,
und farbenfrohe Bodenpfeile durch das Labyrinth.
In Hospitälern werden Betten knapp
und Särge haben Konjunktur.

Schulklassen bleiben leer, Spielplätze sind tabu,
Lehrkräfte quälen sich mit Distanzlernen ab
und müde Mütter halten Nachwuchs gerade so bei Laune.
Die Welt lernt etwas, was sie nie für möglich hielt:
Sie lernt, den Atem anzuhalten.
Wie ist das, wenn die Straßen leer,
Verkehr sich nicht an jeder Ampel staut?
Holt die Natur nun endlich einmal Luft,
Sinkt CO_2 in allen Hemisphären?
Vielleicht ist das nur eine Atempause
und alles geht dann weiter wie zuvor.
Ob uns die Pandemie zum Denken bringt,
mal abzuwägen, ob es sonst noch etwas gibt,
als weiter so, Konsum und Spaß um jeden Preis?
Ich weiß es nicht!
Will ich denn selbst mein Leben ändern?
Wenn ich ganz ehrlich bin, dann denk ich mir:
Am besten wär's, wenn alles wäre so,
wie's war, bevor Corona uns den Spaß verdorben hat.

2020 mag sich nun zum Teufel scheren,
es brachte zu viel Kummer und Verdruss.
Jetzt ist es Zeit, sich von ihm abzukehren.
Die Hoffnung lebt, mit dem Coronajahr ist Schluss.

Das neue Jahr beginnt mit wohlbedachter Stille
und Injektionen bald für Alt und Jung.
Auf dass sich mancher Wunsch erfülle,
die Welt erlebe einen Quantensprung.

Zu gerne möchte ich dergleichen glauben,
doch Wünsche werden nur sehr selten wahr.
Wir lassen uns, was wir gewohnt, nicht rauben.
Drum geht's wahrscheinlich weiter wie in jedem Jahr.

Informationen über den Autor und seine Bücher findet man auf
der Website www.ruediger-neukaeter.de

Einige der in diesem Buch veröffentlichten Gedichte sind auch,
gesprochen vom Autor, bei YouTube zu erleben:
YouTube: „Rüdigers Texterei" oder bei „Ruediger Neukaeter"

Rüdiger Neukäter

SPURENSUCHE

BoD – Books on Demand, 2019,
ISBN: 97837494525590

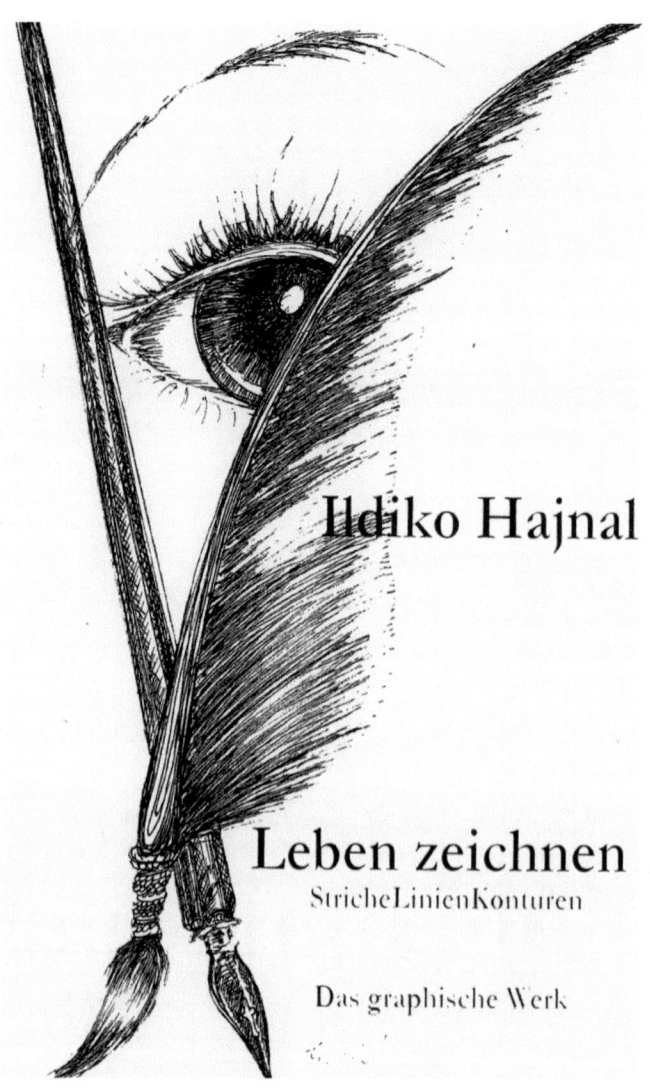

Ildiko Hajnal

Leben zeichnen
StricheLinienKonturen

Das graphische Werk

BoD – Books on DEmand, 2019,
ISBN: 9783750403161